공부력을 길러 주는
요즘 아이들의 똑똑한 **독해** 습관

문해력보스

한국사 우리 인물 (3종) / 우리 문화 (3종)

세계사 세계 인물 (3종) / 세계 문화 (3종)

eduwill

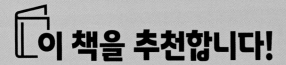

이 책을 추천합니다!

✒️ 이 책을 추천하신 선생님들

"교과서독해 + 디지털독해 콘셉트는 단언컨대, 문해력의 빛나는 종합 선물 세트예요."

황준경 | 대광초등학교 교사

"교과서와 100% 연계된 글감으로 학교공부를 대비할 수 있어요."

나문정 | 한일초등학교 교사

"디지털 홍수 시대, 아이들이 현명한 판단을 내릴 수 있도록 하는 나침반 같은 책이에요."

박현진 | 샛별초등학교 교사

"문해력을 기르면서 동시에 배경지식까지 쌓여 두 마리 토끼를 잡을 수 있는 책이에요."

박미송 | 오송고등학교 교사

✒️ 이 책을 추천하신 학부모님들

"아이들이 지루해하지 않아요. 스스로 연필을 잡고 공부하는 모습이 감동이었어요."

김태진 학생 어머니 | 상록초등학교

"교과서독해에서 배운 내용을 디지털독해를 통해 한 번 더 공부해서 좋았어요."

정유정 학생 어머니 | 부산진초등학교

"디지털독해가 뭔지 잘 몰랐는데, 책을 펼친 후 바로 알았네요.
공부뿐만 아니라 요즘 시대에 아이들에게 정말 필요한 능력을 길러 주는 책이라고 생각해요."

박수현 학생 어머니 | 광주서초등학교

"교과서를 기반으로 구성된 독해가 정말 매력적이었어요. 무엇보다 교과서가 중요하니까요."

신지훈 학생 어머니 | 고일초등학교

문해력 레벨업 게임

하루 공부를 마칠 때마다 붙임 딱지를 붙여 게임판을 완성해 보세요. 붙임 딱지는 책의 맨 뒤에 있어요.

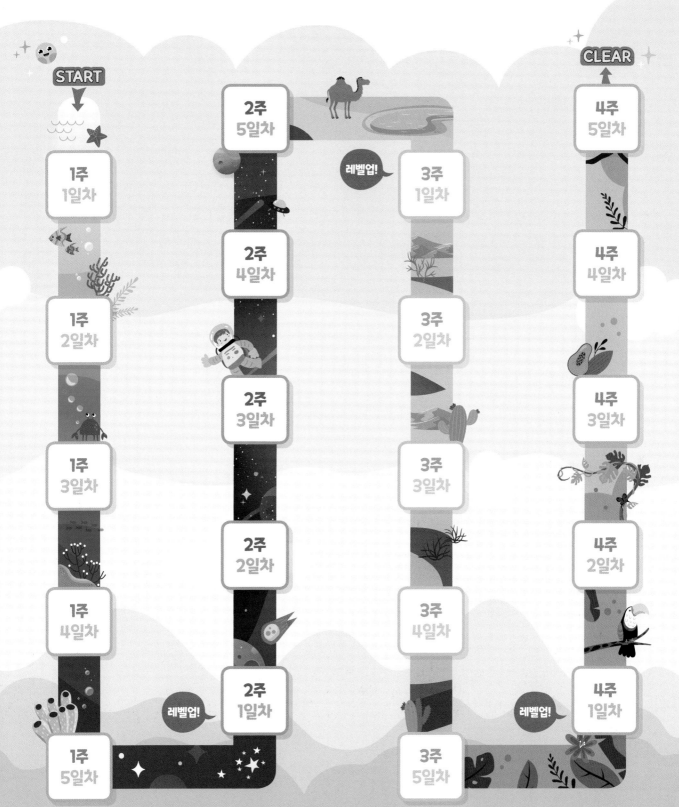

세계사 세계 인물 ➊권 인물 살펴보기

1주

- 1일 함무라비왕
- 2일 이집트의 왕
- 3일 고대 중국 학자
- 4일 진나라와 한나라의 황제
- 5일 수나라와 당나라의 황제

2주

- 1일 페르시아 제국을 이끈 왕
- 2일 인도 왕조를 이끈 왕
- 3일 쇼토쿠 태자
- 4일 무함마드
- 5일 몽골 제국의 황제

3주

- 1일 고대 그리스 정치가
- 2일 고대 그리스 철학자
- 3일 알렉산드로스
- 4일 로마의 정치가
- 5일 로마 제국의 황제

4주

- 1일 게르만족
- 2일 유스티니아누스 황제
- 3일 카롤루스 대제
- 4일 교황과 황제의 대립
- 5일 세계를 누빈 여행가

역사 인물을 찾아줘!

인물 초성 퀴즈 연표

역사 인물의 그림과 초성, 한 줄 정리를 참고해 어떤 인물인지 맞혀 보세요!

기원전 18세기경
바빌로니아 왕국, 메소포타미아 지역 통일

기원전 1244
아부 심벨 신전 완성

기원전 800년경
그리스, 폴리스 형성

춘

기원전 3500년경~ 기원전 2500년경
4대 문명 시작

기원전 753년
로마 건국

기원전 221년
진나라, 중국 최초 통일

375년
게르만족의 이동 시작

11세기~13세기
십자군 전쟁, 몽골 제국 건설

14세기~16세기
르네상스, 종교 개혁, 신항로 개척

1789년
프랑스 혁명 시작

18세기~19세기
산업 혁명

1914년~1918년
제1차 세계 대전

1929년
대공황

1939년~1945년
제2차 세계 대전

함무라비왕
?~?
강력한 법인 '함무라비 법전'을 만들어 바빌로니아 왕국을 다스린 왕

ㄹㅅㅅ 2세
?~?
이집트 왕국의 전성기를 이끌고 아부 심벨 신전 등을 지은 파라오

1세기경
쿠샨 왕조 성립

기원전 27
로마, 황제 시대 시작

기원전 221
진나라, 중국 최초 통일

옥타비아누스
기원전 63~14
삼두 정치를 끝내고 '로마의 1인자'가 되어 '아우구스투스'라는 이름을 받은 로마 제국의 황제

진나라 ㅅㅎㅈ
기원전 259~기원전 210
중국을 처음으로 통일하고 만리장성을 쌓은 진나라의 황제

330
로마 제국, 콘스탄티노폴리스 천도

375
게르만족, 대규모 이동 시작

481
프랑크 왕국 건국

유스티

콘스탄티누스
274~337
로마 제국의 부흥을 위해 크리스트교를 인정하고 수도를 옮기는 등의 노력을 한 황제

ㄱㄹㅁ족
훈족을 피해 로마 제국의 땅으로 이동해 서로마 제국을 멸망시키고 프랑크 왕국을 포함한 여러 나라를 세운 민족

1274
마르코 폴로, 쿠빌라이 칸과 만남.

1271
원나라 건국

1206
칭기즈 칸, 몽골 부족 통일

1096
십자군 전쟁 시작

ㅁㄹㅋ ㅍㄹ
1254~1324
원나라와 세계를 누빈 경험담이 《동방견문록》이란 책으로 만들어진 여행가

칭기즈 칸
?~1227
몽골 부족을 통일하고 거대한 몽골 제국을 만든 황제

기원전 8세기경   기원전 753   기원전 6세기경   기원전 6~5세기경

전국 시대 시작   로마 건국   페르시아 제국 전성기   아테네 민주 정치의 발전

제자백가

중국 춘추 전국
시대에 자신의
생각을 펼쳐
이름을 떨친 여러
학자와 학파

ㄷㄹㅇㅅ 1세

기원전 550~기원전 486

여러 제도를
정비하고 너그러운
정책을 펼쳐
페르시아 제국의
전성기를 이끈 왕

클레이스테네스

?~?

도편 추방제를 실시하고
재산에 따라 정치에
참여하던 것을 없애
아테네 민주 정치의
발전을 이끈 정치가

기원전 3세기경   기원전 334   기원전 5~4세기경

인도 마우리아 왕조 전성기   알렉산드로스, 동방 원정 시작   그리스 철학의 전성기

ㅇㅅㅋ왕

?~?

칼링가 왕국을 정복해
남쪽 일부를 제외한
인도 전체 지역을
다스린 마우리아
왕조의 왕

알렉산드로스

기원전 356~기원전 323

그리스, 페르시아
등을 정복하고
동서양을 잇는 거대한
제국을 만든
마케도니아의 왕

ㅅㅋㄹㅌㅅ

?~기원전 399

끊임없는 질문을
통해 상대방 스스로
지식을 깨닫게 해준
그리스의 철학자

527   589   6세기경   610   618

ㅣ잔티움 제국, ㅣ아누스 황제 즉위   수나라, 중국 통일   쇼토쿠 태자, 일본 통치   무함마드, 이슬람교 창시   당나라 건국

유스티니아누스 황제

483~565

《유스티니아누스 법전》과
성 소피아 대성당을
만들어 비잔티움 제국의
전성기를 이끈 황제

ㅅㅌㅋ 태자

?~622

백제, 고구려,
중국으로부터 앞선
문화와 기술을
받아들여 일본의 불교
문화를 꽃피운 지도자

무함마드

570~632

이슬람교를 창시하고
아라비아반도의
대부분을 통일한
종교 지도자

1077   960   800   755   622

카노사의 굴욕   송나라 건국   카롤루스 대제, 서로마 제국 황제 대관   당나라, 안사의 난 발발   헤지라

ㅎㅇㄹㅎ 4세

1050~1106

성직자 임명권을 두고
교황 그레고리우스
7세와 맞섰으나
굴복하고야 만
신성 로마 제국의 황제

카롤루스 대제

742~814

로마 교황으로부터
서로마 제국 황제의
관을 받고
프랑크 왕국의
전성기를 이끈 왕

당나라 ㅎㅈ

685~762

양귀비에 빠져
나랏일을 제대로
돌보지 않아
당나라를 휘청거리
게 만든 황제

문해력 보스

세계사 초등 3~6학년

세계 인물 ❶ 고대~중세

우리 아이에게 "문해력"이 필요한 이유

문해력은 "글을 읽고 쓸 줄 아는 능력"입니다.
그럼 우리 아이의 문해력을 키우면 성적이 올라갈까요?

네, 그렇습니다.
문해력은 공부를 하는 데 필요한 기본 도구입니다.
국어, 사회, 과학 등 아이들이 배우는 과목에는 읽기와 쓰기 능력이 필요합니다.
문해력이 높으면 질문을 쉽게 이해하고
올바른 대답을 쓰거나 말할 수 있습니다.
문해력은 우리 아이의 학습 능력 그 자체입니다.
그래서 우리 아이에게 문해력이 필요합니다.

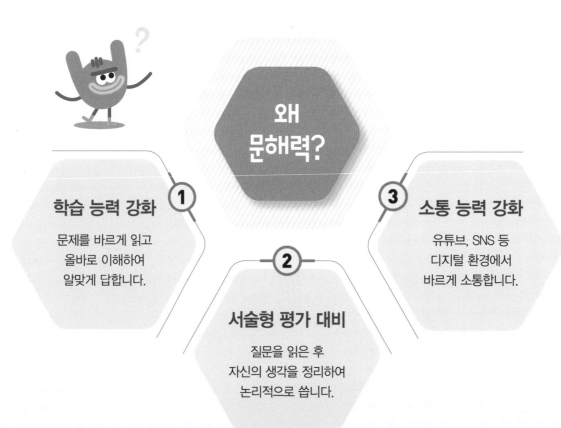

왜 문해력?

① 학습 능력 강화
문제를 바르게 읽고
올바로 이해하여
알맞게 답합니다.

② 서술형 평가 대비
질문을 읽은 후
자신의 생각을 정리하여
논리적으로 씁니다.

③ 소통 능력 강화
유튜브, SNS 등
디지털 환경에서
바르게 소통합니다.

"문해력보스"가 특별한 이유!

문해력보스는 일반적인 문해력 책과 다릅니다.
이 책은 "글 문해력과 미디어 문해력을 함께 기르는 훈련서"입니다.

글에 대한 문해력을 키우는 것만큼 중요한 것은
유튜브, SNS와 같은 디지털 매체에 대한 문해력을 키우는 것입니다.
우리 아이는 디지털 매체가 가득한 세상에 살고 있습니다.
학교나 집에서 태블릿 PC로 수업을 하고,
유튜브를 보며, SNS로 친구들과 소통합니다.
"문해력보스"는 초등 교과와 연계된 다양한 글을 읽고,
이와 관련된 광고, 뉴스, 블로그 등 다양한 형태의 매체를 접하며 훈련합니다.
"문해력보스"는 우리 아이가 세상을 보는 힘을 길러 줍니다.

문해력 보스는?

① 교과서독해
교과와 연계한 다양한 글감을 읽고 글에 대한 문해력을 기릅니다.

② 디지털독해
뉴스, 블로그 등 다양한 매체를 접하며 미디어 문해력을 기릅니다.

③ 어휘 학습
문해력의 기초가 되는 어휘를 풍부하게 익힙니다.

문해력보스
구성과특징

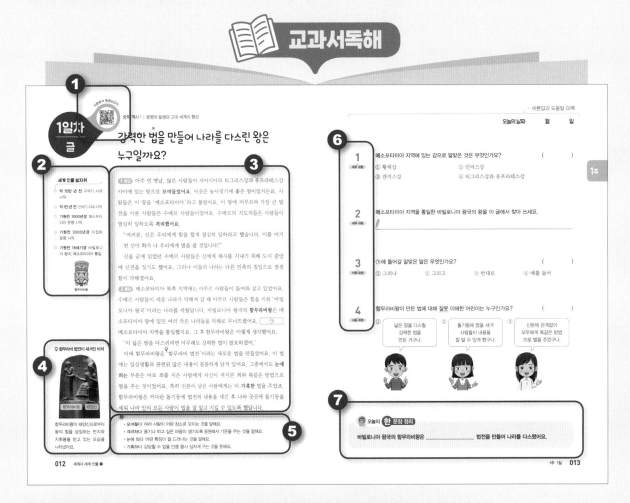

교과서독해

❶ **지문분석 동영상강의** 어려울 수 있는 교과서 지문을 선생님이 친절하게 설명해 줍니다.

❷ **세계 인물 발자취** 인물과 관련된 주요 사건 연표를 통해 세계사의 흐름을 파악합니다.

❸ **교과서 지문** 중등 교과서에 나오는 인물 이야기를 읽고 교과 지식을 쌓습니다.

❹ **보충 설명** 교과서 지문을 이해하는 데 참고할 배경지식을 함께 학습합니다.

❺ **어휘 풀이** 사전을 찾아보지 않고 바로바로 어휘의 뜻을 확인합니다.

❻ **문해력을 기르는 문제** 중심 내용, 세부 내용, 내용 추론, 내용 요약, 어휘 표현의 5가지 문제 유형을 골고루 풀어 보며 자연스럽게 문해력을 기릅니다.

❼ **오늘의 한 문장 정리** 교과서 지문에서 배운 내용을 한 문장으로 정리하는 연습을 합니다.

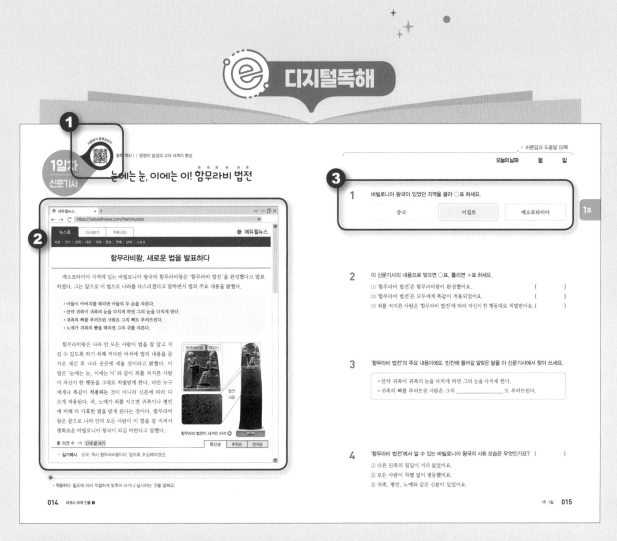

디지털독해

눈에는 눈, 이에는 이! 함무라비 법전

① **지문분석 동영상강의** 일상생활에서 접할 수 있는 다양한 디지털 매체의 종류와 읽는 방법을 알려 줍니다.

② **디지털 매체 지문** 교과서독해에서 학습한 주제를 뉴스, 블로그 등 다양한 디지털 매체 지문으로 나타냈습니다.

③ **문해력을 기르는 문제** 디지털 매체 지문을 제대로 이해하였는지 점검하며 미디어 문해력을 기릅니다.

디지털 매체 지문 보기

온라인대화(위) 웹툰(아래)

카드뉴스

블로그

백과사전

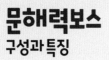

어휘 정리

어휘 정리

1~5일 지문에서 나온 중요 어휘를 정리해 보세요.

＊ 바른답과 도움말 04쪽

오늘의 날짜   월   일

1 밑줄 친 말의 뜻을 알맞게 줄로 이으세요.

진나라 시황제는 울퉁불퉁한 도로를 잘 정비했어요. ・

・ 여러 사람이 어떤 장소로 모이다.

춘추 전국 시대에 백성들은 전쟁의 고통으로 시름에 잠겼어요. ・

・ 몹시 욕심을 내거나 관심을 기울이다.

당나라 현종은 양귀비에게 빠져 나랏일은 뒷전이고 잔치를 벌였어요. ・

・ 시설이 제 기능을 할 수 있도록 정리하다.

많은 사람들이 서아시아의 티그리스강과 유프라테스강 주변으로 모여들었어요. ・

・ 마음에 걸려 풀리지 않고 항상 남아 있는 걱정

춘추 전국 시대의 여러 나라는 힘을 키우려고 눈에 불을 켜고 인재를 모았어요. ・

・ 덜 중요하다고 생각되어 다른 일보다 나중에 관심을 가지는 것

진나라 시황제가 많은 백성을 동원해 만리장성을 쌓은 것은 불난 집에 부채질한 꼴이었어요. ・

・ 다른 사람이 어려움을 겪을 때 도와주기는커녕 더 어렵게 하거나 화나게 하다.

2 밑줄 친 말과 뜻이 비슷한 낱말을 〈보기〉에서 찾아 빈칸에 쓰세요.

〈보기〉

모질다   격려하다   기름지다   꾸밈없다   지혜롭다

(1) 수메르의 지도자들은 사람들이 열심히 일하도록 북돋았어요. _____

(2) 이집트는 나일강 주변의 땅이 비옥해서 농사짓기에 좋았어요. _____

(3) 당나라 현종은 처음에는 현명한 관리들을 뽑아 나라를 잘 돌봤어요. _____

(4) 노자는 백성을 자연스럽게 두면 아이처럼 순수해질 거라고 주장했어요. _____

(5) 함무라비 법전에 따르면 신분이 낮은 사람들은 더 가혹한 벌을 받았어요. _____

3 다음 (   ) 안에 들어갈 알맞은 말을 골라 ○표 하세요.

(1) (사납기로 , 싸납기로) 유명한 흉노는 진나라 시황제의 걱정거리였어요.

(2) 이집트 피라미드는 대부분 카이로 근처 사막 주변에 (흩어져 , 흩터져) 있어요.

(3) 오늘날에도 이집트 피라미드를 만든 방법을 정확히 (밝켜내지 , 밝혀내지) 못했어요.

(4) 쿠푸왕은 자신의 힘을 (가시하기 , 과시하기) 위해 누구보다 큰 피라미드를 짓게 했어요.

(5) 함무라비 법전에서 눈에는 눈을 (띄는 , 띠는) 부분은 저지른 죄와 같은 벌을 주었다는 것이에요.

한 주간 배운 중요 어휘를 문제를 풀어 보며 확인합니다.

- **1**번에서는 앞에서 배운 어휘의 뜻을 알맞게 연결합니다.
- **2**번에서는 뜻이 서로 비슷한 어휘를 알아봅니다.
- **3**번에서는 맞춤법에 맞는 어휘를 확인합니다.

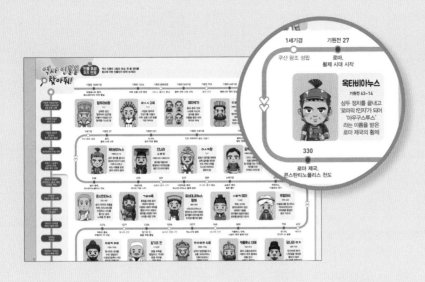

인물 초성 퀴즈 연표

연표를 따라가며 인물의 그림과 초성, 한 줄 정리를 통해 각 권에서 배운 중요 인물의 이름을 맞혀 봅니다.

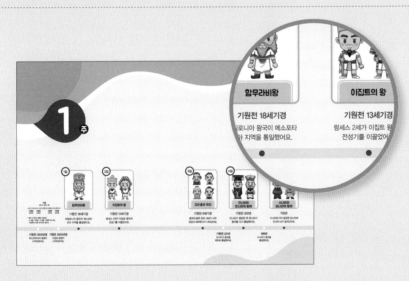

미리 보는 주별 학습

연표를 따라가며 해당 주에 만날 인물의 이름과 살았던 때, 활동을 살펴봅니다.

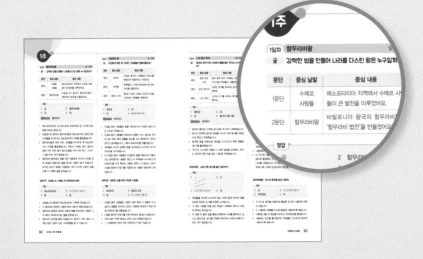

바른답과 도움말

문제를 풀고 난 후 바른답과 도움말을 통해 혼자서도 쉽게 공부할 수 있습니다.

문해력보스 세계사 세계 인물 ❷, ❸권 주제 살펴보기

❷권 근대

	유형	주제
1주	글	명나라를 세계에 알린 인물은 누구일까요?
	신문기사	멈춰버린 정화의 항해
	글	천 년의 성벽을 무너뜨린 인물은 누구일까요?
	백과사전	인정과 용서를 베푼 오스만 제국
	글	무굴 제국의 황제는 어떤 종교 정책을 펼쳤을까요?
	인터뷰	나라의 운명을 가른 두 황제의 종교 정책
	글	무사들의 권력 다툼 속 최종 승리자는 누구일까요?
	SNS	도쿠가와 이에야스, 일본을 차지하다!
	글	청나라의 전성기를 이끈 황제는 누구일까요?
	온라인전시회	청나라 황제들의 별명
2주	글	인간에 대한 깊은 이해를 작품에 담은 예술가는 누구일까요?
	온라인전시회	인간의 아름다움을 표현한 르네상스 작품
	글	종교의 개혁을 이끈 인물은 누구일까요?
	SNS	루터와 칼뱅, 종교를 말하다!
	글	무역을 위해 새로운 바닷길을 연 탐험가는 누구일까요?
	백과사전	대항해 시대를 살아간 탐험가들
	글	절대 권력을 누린 유럽의 왕은 누구일까요?
	온라인대화	절대 왕정을 이끈 왕들의 힘
	글	과학의 발전을 이끈 인물은 누구일까요?
	인터뷰	잘못된 진실을 깨부순 과학자들
3주	글	위기를 극복한 천재 음악가는 누구일까요?
	블로그	장애를 넘어 음악의 별이 된 베토벤
	글	아메리카 대륙의 독립을 이끈 인물은 누구일까요?
	신문기사	아메리카 사람들, 독립을 꿈꾸다
	글	프랑스는 어떻게 국민 국가가 되었을까요?
	카드뉴스	그림으로 보는 프랑스 혁명
	글	왕이 없어진 프랑스에서 황제가 된 인물은 누구일까요?
	온라인박물관	나폴레옹에 대한 상반된 평가
	글	미국의 발전을 이끈 대통령은 누구일까요?
	백과사전	노예 제도, 남북 전쟁의 원인이 되다
4주	글	산업 혁명의 시동을 건 인물은 누구일까요?
	온라인전시회	혁명을 가져온 산업 혁명 시기의 발명품
	글	동아시아 3국의 근대화에 힘쓴 인물은 누구일까요?
	온라인대화	강한 나라를 만들고 싶었던 세 명의 남자들
	글	이탈리아와 독일의 통일을 이끈 인물은 누구일까요?
	백과사전	독일, 마침내 하나가 되다!
	글	전류 전쟁, 최후의 승리자는 누구일까요?
	인터뷰	끝나지 않은 두 발명가의 전쟁
	글	많은 여성에게 용기를 준 인물은 누구일까요?
	신문기사	에어하트, 도전의 날개를 펼치다

❸권 현대

	유형	주제
1주	글	러시아 혁명을 이끈 인물은 누구일까요?
	블로그	레닌이 러시아 사람들에게 보내는 편지
	글	인도의 독립 운동을 이끈 인물은 누구일까요?
	신문기사	독립을 향해 행진하는 간디
	글	제2차 세계 대전에서 연합국을 승리로 이끈 인물은 누구일까요?
	온라인대화	처칠, 루스벨트에게 도움을 구하다
	글	제2차 세계 대전이라는 인류 최악의 전쟁을 일으킨 인물은 누구일까요?
	인터뷰	전 세계를 전쟁이라는 구렁텅이에 빠뜨린 무솔리니와 히틀러
	글	과학 기술과 전쟁은 어떤 관계일까요?
	온라인전시회	과학자들이 인류에게 준 선물과 비극
2주	글	여성들을 위해 노력한 인물은 누구일까요?
	SNS	큰 뜻을 가진 그녀들의 이야기
	글	아이가 겪은 전쟁의 아픔은 어땠을까요?
	카드뉴스	한 유대인 소녀의 일기장
	글	제3 세계란 무슨 뜻일까요?
	온라인게시글	'가운데'를 지킨 나라들
	글	중국 경제의 실패와 성공을 이끈 지도자는 누구일까요?
	인터뷰	중국의 현대 역사를 만든 두 지도자
	글	굳게 닫혀 있던 소련의 문을 연 지도자는 누구일까요?
	백과사전	소련의 역사를 바꾼 고르바초프
3주	글	현실을 풍자한 예술가는 누구일까요?
	시나리오	동물농장
	글	차별을 극복한 흑인 운동선수는 누구일까요?
	카드뉴스	재키 로빈슨의 일생
	글	패션의 새로운 시대를 연 인물은 누구일까요?
	백과사전	여성들에게 자유를 선물한 샤넬
	글	음악으로 대중문화를 발전시킨 인물은 누구일까요?
	온라인전시회	옛날 사람들은 어떤 음악을 들었을까요?
	글	흑인에 대한 차별을 없애기 위해 노력한 인물은 누구일까요?
	신문기사	미국의 흑인들, 차별을 거부하다!
4주	글	현대 미술을 이끈 예술가는 누구일까요?
	온라인전시회	미술의 새로운 문을 연 피카소와 워홀
	글	세상에서 가장 유명한 쥐 캐릭터를 만든 인물은 누구일까요?
	백과사전	꿈과 희망을 주고 싶었던 디즈니
	글	장애를 극복하고 전 세계를 놀라게 한 과학자는 누구일까요?
	웹툰	장애를 극복한 스티븐 호킹의 의지
	글	희생과 봉사를 실천한 여성은 누구일까요?
	블로그	소외된 사람들의 어머니, 테레사
	글	새로운 스마트폰을 만들어 혁신의 상징이 된 인물은 누구일까요?
	카드뉴스	도전과 혁신의 아이콘, 스티브 잡스

공부 습관을 만드는 스스로 학습 계획표

매일 공부를 마친 후, 공부한 날과 목표 달성도를 채워 보세요.

진도		유형	주제	쪽수	공부한 날	목표 달성도
1주	1일	글	강력한 법을 만들어 나라를 다스린 왕은 누구일까요?	12~15쪽	월 일	♡ ♡ ♡
		신문기사	눈에는 눈, 이에는 이! 함무라비 법전			
	2일	글	이집트의 왕은 왜 거대한 건축물을 만들었을까요?	16~19쪽	월 일	♡ ♡ ♡
		백과사전	영원한 삶을 바란 이집트 사람들			
	3일	글	중국의 춘추 전국 시대에 이름을 떨친 학자는 누구일까요?	20~23쪽	월 일	♡ ♡ ♡
		온라인대화	서로 다른 생각을 펼친 제자백가			
	4일	글	중국을 처음으로 통일한 황제는 누구일까요?	24~27쪽	월 일	♡ ♡ ♡
		온라인박물관	하나의 중국을 꿈꾼 시황제			
	5일	글	중국의 수나라와 당나라는 왜 멸망했을까요?	28~31쪽	월 일	♡ ♡ ♡
		인터뷰	나라를 휘청거리게 한 두 황제의 속마음			
	특별학습	1주 정리	어휘 정리			
2주	1일	글	페르시아 제국은 어떻게 성장했을까요?	36~39쪽	월 일	♡ ♡ ♡
		온라인대화	인정과 용서로 나라를 다스린 페르시아			
	2일	글	불교의 가르침에 따라 인도를 다스린 왕은 누구일까요?	40~43쪽	월 일	♡ ♡ ♡
		SNS	눈물로 깨달음을 얻은 아소카왕			
	3일	글	일본의 불교문화를 꽃피운 지도자는 누구일까요?	44~47쪽	월 일	♡ ♡ ♡
		블로그	쇼토쿠 태자의 불교 사랑			
	4일	글	이슬람교는 누가 만들었을까요?	48~51쪽	월 일	♡ ♡ ♡
		카드뉴스	무함마드, 천사의 목소리를 듣다			
	5일	글	드넓은 몽골 제국을 다스린 지도자는 누구일까요?	52~55쪽	월 일	♡ ♡ ♡
		백과사전	세계를 벌벌 떨게 한 몽골 제국의 힘			
	특별학습	2주 정리	어휘 정리			
3주	1일	글	아테네의 민주 정치를 발전시킨 인물은 누구일까요?	62~65쪽	월 일	♡ ♡ ♡
		온라인게시글	도자기 조각에 쓰인 민주 정치			
	2일	글	그리스를 대표하는 철학자는 누구일까요?	66~69쪽	월 일	♡ ♡ ♡
		온라인전시회	그리스의 3대 철학자			
	3일	글	동양과 서양을 잇는 거대한 제국을 만든 인물은 누구일까요?	70~73쪽	월 일	♡ ♡ ♡
		백과사전	제국을 다스리기 위한 알렉산드로스의 방법			
	4일	글	로마의 권력을 하나로 만든 인물은 누구일까요?	74~77쪽	월 일	♡ ♡ ♡
		카드뉴스	로마를 둘러싼 사랑과 경쟁 이야기			
	5일	글	로마 제국을 대표하는 황제는 누구일까요?	78~81쪽	월 일	♡ ♡ ♡
		인터뷰	로마 제국의 발전을 이끈 두 황제			
	특별학습	3주 정리	어휘 정리			
4주	1일	글	게르만족은 왜 로마 땅으로 이동했을까요?	86~89쪽	월 일	♡ ♡ ♡
		온라인전시회	중세 유럽 생활의 이모저모			
	2일	글	비잔티움 제국의 전성기를 이끈 황제는 누구일까요?	90~93쪽	월 일	♡ ♡ ♡
		백과사전	로마의 빛을 되찾으려 한 황제			
	3일	글	프랑크 왕국의 전성기를 이끈 왕은 누구일까요?	94~97쪽	월 일	♡ ♡ ♡
		블로그	유럽의 아버지, 카롤루스 대제			
	4일	글	교황과 황제는 왜 싸웠을까요?	98~101쪽	월 일	♡ ♡ ♡
		웹툰	교황과 황제의 힘겨루기, 그 승자는?			
	5일	글	세계를 누빈 이야기가 책으로 만들어진 여행가는 누구일까요?	102~105쪽	월 일	♡ ♡ ♡
		SNS	두 여행가의 생생한 원나라 여행 이야기			
	특별학습	4주 정리	어휘 정리			

1 주

1일

함무라비왕

기원전 18세기경

바빌로니아 왕국이 메소포타
미아 지역을 통일했어요.

2일

이집트의 왕

기원전 13세기경

람세스 2세가 이집트 왕국의
전성기를 이끌었어요.

기원
(예수가 태어난 해)

기원전
2000년

기원전
1000년

기원후
1000년

기원후
2000년

* 예수가 태어난 해를 기준으로
그 전을 '기원전', 그 후를 '기원후'라고 해요.
'기원후'는 따로 표시하지 않아요.

기원전 3500년경

메소포타미아 문명이
시작되었어요.

기원전 3000년경

이집트 문명이
시작되었어요.

연표를 따라가며 1주차에 만날 고대 문명과
중국의 주요 인물을 살펴보세요.

3일

고대 중국 학자

기원전 8세기경

중국의 춘추 전국 시대가 시작
되면서 제자백가가 나타났어요.

4일

진나라와
한나라의 황제

기원전 202년

진나라가 멸망한 후 한나라가
중국을 다시 통일했어요.

5일

수나라와
당나라의 황제

755년

수나라에 이어 등장한 당나라에
안사의 난이 일어났어요.

기원전 221년
진나라가 중국을
최초로 통일했어요.

589년
수나라가 중국을
통일했어요.

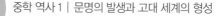

1일차 글

지문분석 동영상강의

강력한 법을 만들어 나라를 다스린 왕은 누구일까요?

세계 인물 발자취

○ **약 70만 년 전** 구석기 시대 시작

○ **약 1만 년 전** 신석기 시대 시작

○ **기원전 3500년경** 메소포타미아 문명 시작

○ **기원전 3000년경** 이집트 문명 시작

○ **기원전 18세기경** 바빌로니아 왕국, 메소포타미아 통일

함무라비왕

1 문단 아주 먼 옛날, 많은 사람들이 서아시아의 티그리스강과 유프라테스강 사이에 있는 땅으로 **모여들었어요**. 이곳은 농사짓기에 좋은 땅이었거든요. 사람들은 이 땅을 '메소포타미아'라고 불렀어요. 이 땅에 머무르며 가장 큰 발전을 이룬 사람들은 수메르 사람들이었어요. 수메르의 지도자들은 사람들이 열심히 일하도록 **격려했어요**.

"여러분, 신은 우리에게 힘을 합쳐 열심히 일하라고 했습니다. 이를 어기면 신이 화가 나 우리에게 벌을 줄 것입니다!"

신을 굳게 믿었던 수메르 사람들은 신에게 제사를 지내기 위해 도시 중앙에 신전을 짓기도 했어요. 그러나 이들의 나라는 다른 민족의 침입으로 점점 힘이 약해졌어요.

2 문단 메소포타미아 북쪽 지역에는 아무르 사람들이 들어와 살고 있었어요. 수메르 사람들이 세운 나라가 약해져 갈 때 아무르 사람들은 힘을 키워 '바빌로니아 왕국'이라는 나라를 세웠답니다. 바빌로니아 왕국의 **함무라비왕**은 메소포타미아 땅에 있던 여러 작은 나라들을 차례로 무너뜨렸어요. ⟨ ㉠ ⟩ 메소포타미아 지역을 통일했지요. 그 후 함무라비왕은 이렇게 생각했어요.

'이 넓은 땅을 다스리려면 아무래도 강력한 법이 필요하겠어.'

이에 함무라비왕은 '함무라비 법전'이라는 새로운 법을 만들었어요. 이 법에는 일상생활과 관련된 많은 내용이 꼼꼼하게 담겨 있어요. 그중에서도 **눈에 띄는** 부분은 바로 죄를 지은 사람에게 자신이 저지른 죄와 똑같은 방법으로 벌을 주는 것이었어요. 특히 신분이 낮은 사람에게는 더 **가혹한** 벌을 주었죠. 함무라비왕은 커다란 돌기둥에 법전의 내용을 새긴 후 나라 곳곳에 돌기둥을 세워 나라 안의 모든 사람이 법을 잘 알고 지킬 수 있도록 했답니다.

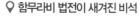

♀ 함무라비 법전이 새겨진 비석

함무라비왕   태양신

함무라비왕이 태양신으로부터 왕의 힘을 상징하는 반지와 지휘봉을 받고 있는 모습을 나타냈어요.

• **모여들다** 여러 사람이 어떤 장소로 모이는 것을 말해요.
• **격려하다** 용기나 하고 싶은 마음이 생기도록 응원해서 기운을 주는 것을 말해요.
• **눈에 띄다** 어떤 특징이 잘 드러나는 것을 말해요.
• **가혹하다** 감당할 수 없을 만큼 몹시 심하게 구는 것을 뜻해요.

1

세부 내용

메소포타미아 지역에 있는 강으로 알맞은 것은 무엇인가요?   (   )

① 황허강   ② 갠지스강

③ 인더스강   ④ 티그리스강과 유프라테스강

2

세부 내용

메소포타미아 지역을 통일한 바빌로니아 왕국의 왕을 이 글에서 찾아 쓰세요.

✏️ _____

3

어휘 표현

㉠에 들어갈 알맞은 말은 무엇인가요?   (   )

① 그러나   ② 그리고   ③ 반대로   ④ 예를 들어

4

내용 추론

함무라비왕이 만든 법에 대해 <u>잘못</u> 이해한 어린이는 누구인가요?   (   )

① 넓은 땅을 다스릴 강력한 법을 만든 거구나.

② 돌기둥에 법을 새겨 사람들이 내용을 잘 알 수 있게 했구나.

③ 신분에 관계없이 모두에게 똑같이 벌을 주었구나.

 오늘의 **한** 문장 정리

바빌로니아 왕국의 함무라비왕은 _____ 법전을 만들어 나라를 다스렸어요.

눈에는 눈, 이에는 이! 함무라비 법전

에듀윌뉴스 × +

https://eduwillnews.com/Hammurabi

뉴스홈　다시보기　커뮤니티　　　　ⓔ 에듀윌뉴스

속보 | 정치 | 경제 | 사회 | 국제 | 문화 | 연예 | 날씨 | 스포츠

함무라비왕, 새로운 법을 발표하다

　메소포타미아 지역에 있는 바빌로니아 왕국의 함무라비왕은 '함무라비 법전'을 완성했다고 발표하였다. 그는 앞으로 이 법으로 나라를 다스리겠다고 말하면서 법의 주요 내용을 밝혔다.

- 아들이 아버지를 때리면 아들의 두 손을 자른다.
- 만약 귀족이 귀족의 눈을 다치게 하면 그의 눈을 다치게 한다.
- 귀족의 뼈를 부러뜨린 사람은 그의 뼈도 부러뜨린다.
- 노예가 귀족의 뺨을 때리면 그의 귀를 자른다.

　함무라비왕은 나라 안 모든 사람이 법을 잘 알고 지킬 수 있도록 하기 위해 커다란 비석에 법의 내용을 문자로 새긴 후 나라 곳곳에 세울 것이라고 밝혔다. 이 법은 '눈에는 눈, 이에는 이'와 같이 죄를 저지른 사람이 자신이 한 행동을 그대로 처벌받게 한다. 다만 누구에게나 똑같이 **적용되는** 것이 아니라 신분에 따라 다르게 적용된다. 즉, 노예가 죄를 지으면 귀족이나 평민에 비해 더 가혹한 벌을 받게 된다는 것이다. 함무라비왕은 끝으로 나라 안의 모든 사람이 이 법을 잘 지켜서 평화로운 바빌로니아 왕국이 되길 바란다고 말했다.

함무라비왕　태양신

법전
내용

함무라비 법전이 새겨진 비석 ▶

총 의견 수 1개 ↻새 글 보기

최신순　추천순　반대순

└ **길가메시**　오우, 역시 함무라비왕이야. 앞으로 조심해야겠군.

• **적용하다** 필요에 따라 적절하게 맞추어 쓰거나 실시하는 것을 말해요.

1 바빌로니아 왕국이 있었던 지역을 골라 ○표 하세요.

중국	이집트	메소포타미아

2 이 신문기사의 내용으로 맞으면 ○표, 틀리면 ×표 하세요.

(1) '함무라비 법전'은 함무라비왕이 완성했어요.   (   )

(2) '함무라비 법전'은 모두에게 똑같이 적용되었어요.   (   )

(3) 죄를 저지른 사람은 '함무라비 법전'에 따라 자신이 한 행동대로 처벌받아요. (   )

3 '함무라비 법전'의 주요 내용이에요. 빈칸에 들어갈 알맞은 말을 이 신문기사에서 찾아 쓰세요.

> • 만약 귀족이 귀족의 눈을 다치게 하면 그의 눈을 다치게 한다.
> • 귀족의 뼈를 부러뜨린 사람은 그의 _____ 도 부러뜨린다.

4 '함무라비 법전'에서 알 수 있는 바빌로니아 왕국의 사회 모습은 무엇인가요? (   )

① 다른 민족의 침입이 거의 없었어요.

② 모든 사람이 차별 없이 평등했어요.

③ 귀족, 평민, 노예와 같은 신분이 있었어요.

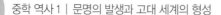

2일차 글

★ ★ ★ 이집트의 왕은 왜 거대한 건축물을 만들었을까요?

지문분석 동영상강의

세계 인물 발자취

○ **기원전 3000년경** 이집트 문명 시작

쿠푸왕

람세스 2세

○ **기원전 2333년** 고조선 건국

○ **기원전 1600년경** 중국 상나라 건국

○ **기원전 1100년경** 중국 주나라 건국

1 문단 이집트는 나일강 주변의 땅이 **기름져서** 농사짓기에 좋았어요. 그래서 먼 옛날부터 이곳에는 여러 작은 나라가 있었어요. 시간이 흘러 작은 나라들을 통일한 이집트 왕국이 세워졌어요. 이집트 왕국의 사람들은 왕을 '파라오'라고 부르며 파라오가 태양신인 '라'의 아들이라고 생각했어요. 살아 있는 신으로 여겨진 이집트 왕의 힘은 날이 갈수록 강해졌지요. 이는 이집트 사람들이 피라미드와 같은 거대한 건축물을 만든 이유와도 관련이 있어요.

"파라오가 죽은 후에 그 **영혼**은 다시 살아날 거야. 그러니 파라오의 미라를 만들고, 그의 영혼이 생활할 장소를 크고 화려하게 지어야지."

2 문단 특히 **쿠푸왕**은 죽기도 전에 사람들에게 자신의 피라미드를 만들게 했다고 전해져요. 쿠푸왕은 자신의 강력한 힘을 **과시하려고** 누구보다 큰 피라미드를 짓게 했어요. 거대한 피라미드를 지으려면 엄청나게 많은 돌덩이를 옮겨 와야 했어요. 그런 후 그 무거운 돌덩이를 밧줄로 끌어 올려 쌓았어요. 이 공사에 얼마나 많은 사람이 필요했을지 짐작이 가지요? 이렇듯 피라미드의 크기는 파라오의 힘을 보여 주기도 한답니다.

3 문단 이후 이집트에서는 어린 나이에 갑작스레 죽은 **투탕카멘**을 거쳐 가장 유명한 파라오 중 한 명인 **람세스 2세**가 왕이 되었어요. 람세스 2세는 오랫동안 왕의 자리에 있으면서 이집트 왕국의 전성기를 이끌었어요. 그는 자신의 업적을 사람들에게 알리기 위해 자신을 나타내는 건축물을 이집트 곳곳에 많이 만들었어요. 쿠푸왕이 아주 멀리서도 보이는 거대한 피라미드를 만들었다면, 람세스 2세는 사람들이 자신을 떠올릴 만한 건축물을 어디에서나 볼 수 있게 하려던 것이에요. 이는 지금도 거대한 **석상**부터 크고 작은 조각상까지, 람세스 2세와 관련된 많은 문화유산이 이집트 곳곳에서 발견되고 있는 이유랍니다.

⓸ 투탕카멘의 가면

이집트 사람들은 영혼이 자신의 몸을 잘 찾아올 수 있도록 살아 있을 때의 얼굴 모습대로 가면을 만들어 미라에 씌워 놓았어요.

- **기름지다** 땅에 영양분이 많아서 농사를 짓거나 식물이 살기 좋은 것을 말해요.
- **영혼** 죽은 사람의 몸에서 빠져나온 넋을 말해요.
- **과시하다** 자신의 능력이나 솜씨 등을 자랑스럽게 드러내는 것을 말해요.
- **석상** 돌을 사람이나 동물 모양으로 조각해 만든 것을 말해요.

1 다음 빈칸에 들어갈 알맞은 말을 이 글에서 찾아 쓰세요.

세부 내용

> 이집트 사람들은 왕을 _____(이)라고 부르며 살아 있는 신으로 여겼어요.

2 이집트 사람들이 피라미드를 만든 까닭으로 알맞은 것은 무엇인가요?   (   )

세부 내용

① 신을 믿지 않았기 때문에

② 농사짓는 데 도움이 되었기 때문에

③ 조각상을 만드는 것보다 쉬웠기 때문에

④ 죽은 후에 영혼이 다시 살아날 거라고 믿었기 때문에

3 다음에서 설명하는 피라미드를 만든 왕은 누구인가요?   (   )

내용 추론

> 이집트에 있는 피라미드 중 가장 크기가 커서 '대(大)피라미드'라고도 불려요. 수많은 사람들이 10~20년에 걸쳐 완성한 것으로 짐작된답니다.

① 쿠푸왕   ② 투탕카멘   ③ 람세스 2세

4 각 문단의 내용을 찾아 알맞게 기호를 쓰세요.

내용 요약

> ㈎ 쿠푸왕은 누구보다 큰 피라미드를 짓게 했어요.
>
> ㈏ 람세스 2세는 이집트 왕국의 전성기를 이끌었어요.
>
> ㈐ 이집트 왕국의 사람들은 왕을 태양신의 아들이라고 생각했어요.

1 문단 (   ) ➡ 2 문단 (   ) ➡ 3 문단 (   )

🤖 오늘의 **한** 문장 정리

이집트 왕국의 쿠푸왕은 거대한 _____ 를 만들었고, 람세스 2세는 이집트 곳곳에 자신을 나타내는 건축물을 세워 파라오의 힘을 뽐냈어요.

2일차 백과사전

영원한 삶을 바란 이집트 사람들

🏠 에듀윌백과사전 × +

← → C https://encyeduwill.com/Egyptian_cultural_heritage ☆

e 에듀윌백과사전 　고대 이집트 왕국 🔍 ≡

고대 이집트 왕국의 문화유산

아주 먼 옛날, 이집트 왕국의 사람들은 사람이 죽은 후에 그 영혼이 다시 살아나 생활할 거라고 믿었어요. 그래서 이집트의 왕인 파라오가 죽으면 피라미드와 같은 거대한 건축물을 만들었지요. 이집트에는 80여 개의 피라미드가 남아 있는데, 대부분 이집트의 수도인 카이로 근처 사막 주변에 **흩어져** 있어요. 먼 옛날에 어떻게 크고 무거운 돌을 수없이 옮기고 쌓아 올려 피라미드를 만들었는지는 여전히 정확하게 **밝혀내지** 못했어요.

가장 큰 피라미드, 쿠푸왕의 피라미드

쿠푸왕의 피라미드는 이집트의 수도인 카이로 근처에 있어요. 이집트에 있는 피라미드 중에서도 가장 큰 크기를 자랑해요. 그래서 '대(大)피라미드'라고도 부른답니다. 약 10만 명이 10~20년에 걸쳐 수백만 개의 돌을 쌓아 만들었다고 짐작되지요. 수많은 사람들이 피라미드를 만들며 다치거나 목숨을 잃기도 했어요.

🔺 쿠푸왕의 피라미드

파라오를 나타내는 거대한 건축물, 람세스 2세의 석상과 신전

이집트 왕국의 전성기를 이끈 람세스 2세는 나라 곳곳에 거대한 석상이나 신전 등 자신을 나타내는 건축물을 만들었어요. 그중에서도 왕의 자리에 앉아 있는 파라오의 조각상으로 꾸며진 아부 심벨 신전은 완성도가 높기로 유명해요.

🔺 람세스 2세 석상

🔺 아부 심벨 신전

- **흩어지다** 한데 모였던 것이 따로따로 떨어지거나 여러 곳으로 퍼지는 것을 말해요.
- **밝혀내다** 방법, 과정 등을 판단하여 드러내는 것을 말해요.

1 다음 빈칸에 들어갈 알맞은 말을 이 백과사전에서 찾아 쓰세요.

> 이집트 왕국 사람들은 사람이 죽은 후에 그 영혼이 다시 살아나 생활할 거라고 믿었
> 기 때문에 이집트의 왕인 파라오가 죽은 뒤에 _____ 을/를 만들었어요.

2 이집트 왕국의 전성기를 이끈 파라오를 골라 ○표 하세요.

| 쿠푸왕 | 투탕카멘 | 람세스 2세 |

3 다음 중 람세스 2세 때 만들어진 문화유산은 무엇인가요? (   )

①  ②  ③

4 이 백과사전의 내용으로 맞으면 ○표, 틀리면 ×표 하세요.

(1) 이집트에는 10개의 피라미드만 남아 있어요.   (   )

(2) 아부 심벨 신전은 파라오의 조각상으로 꾸며졌어요.   (   )

(3) 대부분의 피라미드는 이집트의 수도인 카이로 근처 사막 주변에 있어요. (   )

3일차 글

지문분석 동영상강의

중국의 춘추 전국 시대에 이름을 떨친 학자는 누구일까요?

세계 인물 발자취

○ **기원전 1600년경** 중국 상나라 건국

○ **기원전 1100년경** 중국 주나라 건국

○ **기원전 8세기경** 중국 춘추 전국 시대 시작

○ **기원전 221년** 진나라, 중국 통일

진나라 시황제

○ **기원전 202년** 한나라, 중국 통일

1 문단 아주 먼 옛날, 이집트의 나일강 근처에 나라가 세워졌던 것처럼 중국에서도 황허강 근처에 상나라와 주나라가 세워졌어요. 그러던 중 주나라가 상나라를 무너뜨리고 황허강 유역을 모두 차지했어요. 시간이 흘러 주나라의 힘이 약해지자 각 지역의 관리들이 저마다 나라를 만들고 서로 자신이 더 강하다며 싸워대기 시작했어요. 이 어지러운 시기를 '춘추 전국 시대'라고 해요. 각 지역의 관리들은 '군대가 곧 힘이고, 힘이 곧 권력'이라고 생각하며 다른 지역을 빼앗아 중국의 하나뿐인 왕이 되고 싶어 했어요. 그래서 전쟁이 끊이지 않았고, 백성들은 전쟁의 고통으로 깊은 **시름**에 잠겼답니다.

2 문단 춘추 전국 시대의 여러 나라는 다른 나라보다 강한 힘을 갖기 위해 능력 있는 인재를 모으는 데 **눈에 불을 켜고** 달려들었어요. 이 과정에서 어지러운 세상을 바로잡기 위해 자신의 생각을 펼치는 다양한 학자와 학파가 나타났는데, 이들을 '제자백가'라고 해요. **공자**는 인간을 너그럽게 대하는 마음인 '인'과 그것을 표현하는 방법인 '예'를 강조한 @유가를 만들었어요. 반면에 ⓑ법가를 완성한 **한비자**는 이렇게 주장했어요.

"인과 예로 세상을 다스릴 수 없습니다. 엄격한 법을 만들어서 잘한 일이 있으면 상을 주고, 죄가 있으면 벌을 내려야 합니다."

그래서 강한 힘과 엄격한 법으로 백성을 다스리고자 했던 왕들이야말로 ⃞ ㉠ ⃞ 를 좋아할 수밖에 없었지요.

3 문단 한편 **노자**는 ⓒ도가를 내세우며 욕심을 버리고 자연 그대로의 삶을 살아야 한다고 주장했어요. 그는 백성을 억지로 다스리려 하지 않으면 사람들이 어린아이처럼 **순수한** 마음을 가진 상태로 돌아가 세상이 다시 평화로워질 것이라고 했어요. 그리고 ⓓ묵가를 만든 **묵자**는 모든 사람을 차별 없이 사랑한다면 전쟁도 없어지고 평화로운 세상이 될 것이라고 주장했답니다.

대표적인 제자백가

백성을 인과 예로써 따르게 해야 해.

공자

법과 처벌만이 사회를 바로 잡을 수 있어.

한비자

백성은 자연스럽게 두어야 하지.

모두를 차별 없이 사랑해야 해.

노자   묵자

- **시름** 마음에 걸려 풀리지 않고 항상 남아 있는 걱정을 말해요.
- **눈에 불을 켜다** 몹시 욕심을 내거나 관심을 기울이는 것을 뜻하는 말이에요.
- **순수하다** 개인적인 욕심이나 못된 생각이 없는 것을 말해요.

오늘의 날짜   월   일

1
세부 내용

다음 밑줄 친 내용을 바르게 고쳐 쓰세요.

> 중국에서는 ___나열강___ 근처에 상나라와 주나라가 세워졌어요.

✏️ _____

2
내용 추론

밑줄 친 ⓐ~ⓓ의 주장을 알맞게 이해한 반응은 무엇인가요?   (   )

① ⓐ – 백성을 억지로 다스리려 하면 안 돼.

② ⓑ – 엄격한 법으로 사회 질서를 바로잡아야 해.

③ ⓒ – '인'과 '예'를 통해 나라를 다스려야 해.

④ ⓓ – 일반 백성보다 귀족에게 더 잘해 주어야 해.

3
세부 내용

㉠에 들어갈 학파로 알맞은 것은 무엇인가요?   (   )

① 도가   ② 묵가   ③ 법가   ④ 유가

4
내용 요약

이 글의 내용을 요약했어요. 빈칸에 들어갈 알맞은 말을 찾아 쓰세요.

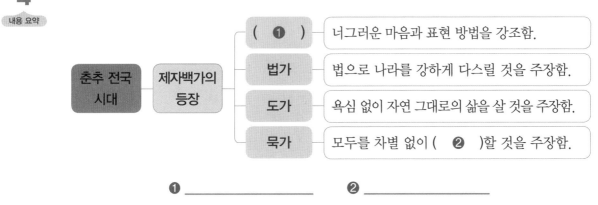

춘추 전국 시대 — **제자백가의 등장**
- (**❶**) — 너그러운 마음과 표현 방법을 강조함.
- 법가 — 법으로 나라를 강하게 다스릴 것을 주장함.
- 도가 — 욕심 없이 자연 그대로의 삶을 살 것을 주장함.
- 묵가 — 모두를 차별 없이 (**❷**)할 것을 주장함.

❶ _____   ❷ _____

🐵 오늘의 **한** 문장 정리

중국의 춘추 전국 시대에는 어지러운 세상을 바로잡으려는 다양한 학자와 학파가 나타났는데,
이들을 _____ 라고 해요.

3일차

온라인 대화

중학 역사 1 | 문명의 발생과 고대 세계의 형성

서로 다른 생각을 펼친 제자백가

1

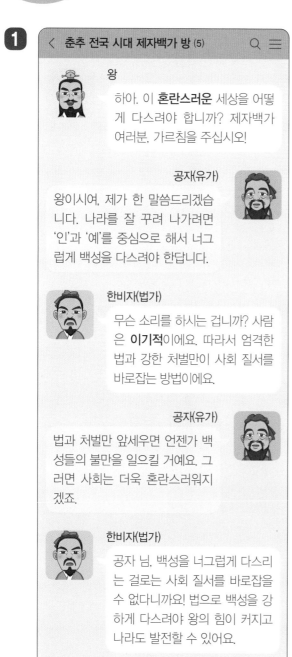

2

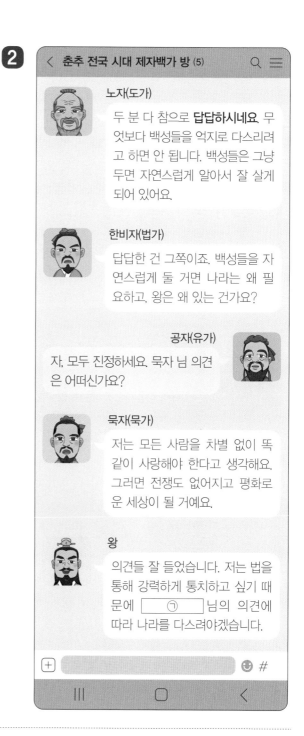

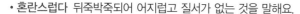

- **혼란스럽다** 뒤죽박죽되어 어지럽고 질서가 없는 것을 말해요.
- **이기적** 자신의 이익만을 생각하는 태도를 말해요.
- **답답하다** 다른 사람의 태도나 상황이 마음에 들지 않아 안타까워하는 것을 말해요.

오늘의날짜   **월**   **일**

1   다음 제자백가의 이름과 주장을 알맞게 줄로 이으세요.

도가	·
묵가	·
법가	·
유가	·

· 엄격한 법과 강한 처벌로 나라를 다스려야 사회 질서를 바로잡을 수 있습니다.

· '인'과 '예'를 중심으로 해서 너그럽게 백성을 다스려야 합니다.

2   다음과 같이 주장한 학파는 무엇인가요?   (   )

"사랑이든 법이든 백성들을 억지로 다스리려고 하면 안 됩니다. 백성들은 자연스럽게 두어야 합니다."

① 도가   ② 묵가   ③ 법가   ④ 유가

3   이 대화의 내용으로 맞으면 ○표, 틀리면 ×표 하세요.

(1) 묵자는 묵가를 내세운 학자예요.   (   )

(2) 한비자는 공자의 의견에 반대하고 있어요.   (   )

(3) 노자는 모든 사람을 똑같이 사랑해야 한다고 했어요.   (   )

4   ㉠에 들어갈 알맞은 학자는 누구인가요?   (   )

① 공자   ② 노자   ③ 묵자   ④ 한비자

4일차 / 글

지문분석 동영상강의

중국을 처음으로 통일한 황제는 누구일까요?

세계 인물 발자취

○ **기원전 221년** 진나라, 중국 통일

진나라 시황제

○ **기원전 202년** 한나라, 중국 통일

○ **기원전 141년** 한나라, 무제 즉위

한나라 무제

● **589년** 수나라, 중국 통일

1문단 여러 나라가 끊임없이 다투던 춘추 전국 시대를 끝낸 것은 힘이 가장 강했던 진나라였어요. 중국을 통일한 진나라의 왕은 신하들에게 이렇게 말했어요.

"나는 중국을 처음으로 통일한 **위대한** 인물이다. 그러니 앞으로 나를 '첫 번째 황제'라는 뜻에서 '시황제'로 부르도록 하라."

그가 바로 진나라의 **시황제**예요. 그런데 이런 시황제에게도 큰 걱정거리가 있었어요. 그건 바로 성격이 **사납기로** 유명한 흉노가 언제 침입할지 모른다는 것이었지요. ㉠이에 시황제는 흉노가 침입할 것을 대비해 북쪽 국경을 따라 이어지는 길고 긴 성벽인 만리장성을 쌓았어요. 하지만 가혹한 공사 때문에 백성들의 불만은 커져 갔어요. 결국 진나라는 시황제가 죽은 뒤 백성들의 봉기가 일어나 통일을 이룬 지 15년 만에 역사 속으로 사라졌어요.

2문단 한편, 진나라 말기에 큰 세력을 가진 **항우**가 봉기를 일으켰어요. 그를 따르던 사람 중에는 **유방**이라는 인물이 있었지요.

'지금과 같이 혼란이 계속되면 언젠가 유방이 나를 죽일 수도 있을 거야. 그러기 전에 내가 먼저 유방을 죽여야겠어.'

항우의 이런 생각을 눈치챈 유방은 항우로부터 도망쳐 나왔어요. 시간이 흐를수록 유방을 돕는 사람들이 늘어났고, 결국 상황이 바뀌어 항우가 유방에게 쫓기는 신세가 되었지요. 이후 유방은 한나라를 세우고 항우를 물리친 후 중국을 다시 통일했답니다.

3문단 한나라는 **무제** 때 전성기를 맞이했어요. 무제는 **유교**로 나라를 다스리고 고조선 등 주변 나라를 정복해 영토를 크게 넓혔어요. 또한 여전히 걱정거리였던 흉노를 물리치기 위해 다른 나라와 손잡으려고 장건을 **서역**에 보내기도 했어요. 이 일은 한나라와 서역을 오가는 무역로가 열리는 계기가 되었답니다.

📍 중국 북쪽을 지킨 만리장성

🔺 오늘날의 만리장성

춘추 전국 시대 때 다른 민족의 침입을 막기 위해 쌓은 성들을 진나라 시황제가 연결하여 완성했어요. 백성들은 만리장성 공사를 하며 힘든 일과 많은 세금으로 고통 받았어요.

• **위대하다** 뛰어나고 훌륭함을 뜻해요.
• **사납다** 생김새가 무섭거나 성격과 행동이 거친 것을 말해요.
• **유교** 공자와 그의 제자들의 가르침을 따르는 사상이에요.
• **서역** 중국의 서쪽에 있던 여러 나라를 통틀어 이르는 말이에요.

오늘의날짜   월   일

1

세부 내용

시황제가 만리장성을 쌓은 까닭으로 알맞은 것은 무엇인가요?   (   )

① 중국을 통일하기 위해서

② 한나라를 멸망시키기 위해서

③ 백성들의 불만을 없애기 위해서

④ 흉노가 침입할 것을 대비하기 위해서

2

어휘 표현

밑줄 친 ㉠과 어울리는 사자성어로 알맞은 것은 무엇인가요?   (   )

① 관포지교: 친구 사이에 우정이 아주 끈끈하다.

② 유비무환: 미리 준비가 되어 있으면 걱정할 것이 없다.

③ 사면초가: 아무에게도 도움을 받지 못하는 어려운 상황이다.

3

내용 추론

시황제와 유방의 공통점으로 알맞은 것은 무엇인가요?   (   )

① 중국을 통일했어요.

② 고조선 등 주변 나라를 정복했어요.

③ 유교를 바탕으로 나라의 힘을 키웠어요.

4

내용 요약

이 글을 읽고 다음 내용을 일어난 순서대로 알맞게 기호를 쓰세요.

> ㈎ 유방이 한나라를 세웠어요.
>
> ㈏ 한나라 무제가 장건을 서역으로 보냈어요.
>
> ㈐ 진나라가 중국의 춘추 전국 시대를 끝냈어요.

(   ) ➡ (   ) ➡ (   )

🐵 오늘의 **한** 문장 정리

진나라는 ＿＿＿＿＿＿ 때 중국을 처음 통일했고, 유방이 세운 한나라는 ＿＿＿＿＿＿ 때 전성기를 맞이했어요.

지문분석 동영상강의

4일차
온라인 박물관

하나의 중국을 꿈꾼 시황제 ★★★

에듀윌박물관 × +

← → ⟳ https://eduwillmuseum.com/Qin_Shi_Huang ☆ ···

에듀윌박물관

EDUWILL MUSEUM 🔍

박물관 소개 　**전시 안내**　 소장품 안내　 교육 안내　 자료실　 공지 사항

진나라 시황제의 꿈 ●▶진행 중 ★특별 전시

🏠 〉전시 안내 〉온라인 전시

" **중국의 첫 황제에 대해 알아볼까요?** "

　진나라 시황제는 춘추 전국 시대를 끝내고 중국을 처음으로 통일한 인물이에요. 그는 울퉁불퉁한 도로를 잘 **정비하고**, 여러 화폐를 하나로 통일했어요. 또한 진나라의 문자만 사용하도록 하여 지방에서도 황제의 명령을 쉽게 이해할 수 있도록 했지요.

　법가를 좋아했던 시황제는 나라의 힘을 강하게 만들었지만 자신의 뜻과 다른 사람들에게 강력한 벌을 주기도 했어요. 게다가 그는 흉노의 침입을 막기 위해 수많은 백성을 동원해 만리장성을 쌓았어요. 만리장성 공사로 흉노의 침입을 대비할 수 있었지만 이는 **불난 집에 부채질한** 꼴이었지요. 가뜩이나 엄격한 법 때문에 불만이 많았던 백성들에게 더 큰 불만을 샀으니 말이에요. 결국 진나라는 시황제가 죽은 지 얼마 되지 않아 멸망하고 말았답니다. 이번 전시가 여러분이 시황제에 대해 잘 알게 되는 기회가 되기를 바랍니다.

기본 정보

기간 20○○년 ○○월 ○○일~20○○년 ○○월 ○○일
장소 에듀윌박물관 1층 특별 전시실
전시품 진나라 시황제 때 유물 100여 점
운영 시간 10:00~18:00

주요 전시품

• **정비하다** 시설이 제 기능을 할 수 있도록 정리하는 것을 말해요.
• **불난 집에 부채질한다** 다른 사람이 어려움을 겪을 때 도와주기는커녕 더 어렵게 하거나 화나게 하는 것을 말해요.

오늘의 날짜   월   일

1주

1 이 전시와 관련된 나라는 어디인가요?   (   )

① 상나라   ② 주나라   ③ 진나라   ④ 한나라

2 이 전시의 내용으로 맞으면 ○표, 틀리면 ×표 하세요.

(1) 시황제는 중국을 처음으로 통일했어요.   (   )

(2) 시황제는 울퉁불퉁한 도로를 정비했어요.   (   )

(3) 시황제는 여러 화폐를 사용하도록 허락했어요.   (   )

3 다음 빈칸에 들어갈 알맞은 문화유산을 이 전시에서 찾아 쓰세요.

시황제는 흉노의 침입을 막기 위해 큰 공사를 벌여 _____ 을/를 쌓았는데, 이 과정에서 수많은 백성이 동원되었어요.

4 이 전시를 본 후 선생님의 물음에 알맞게 대답한 어린이는 누구인가요?   (   )

선생님

전시를 통해 알 수 있는 시황제와 관련된 내용은 무엇인가요?

① 세윤: 시황제는 유가를 좋아했어요.

② 민경: 시황제의 죽음 이후 나라가 멸망했어요.

③ 준현: 시황제는 여러 나라의 문자를 사용하게 했어요.

5일차 글

중국의 수나라와 당나라는 왜 멸망했을까요?

세계 인물 발자취

● 589년 수나라, 중국 통일

● 612년 수나라 양제, 고구려 침공 시작

수나라 양제

● 618년 당나라 건국

● 755년 당나라, 안사의 난 발발

당나라 현종

📍 수나라에서부터 이어진 당나라의 제도

농민에게 땅을 나누어 주어 농사짓게 했어요.

농민은 농사일이 없는 시기에 훈련을 받고 전쟁이 나면 군인이 되어 싸웠어요.

1 문단 한나라 이후 중국은 여러 나라로 나누어졌어요. 그런 중국을 다시 통일한 인물은 바로 수나라의 ⓐ**문제**였지요. 문제는 나라를 안정시키기 위한 방법을 고민했어요.

'백성들에게 땅을 나누어 주고, 그 땅으로 농사를 지어 세금을 내게 해야겠어. 그러면 나라의 돈이 많아져서 안정될 거야.'

평화롭던 수나라가 흔들리기 시작한 것은 문제에 이어 황제가 된 ⓑ**양제** 때부터예요. 양제는 자신의 욕심을 채우기 위해 화려한 궁궐을 지었고, 사람들이 오고 갈 수 있는 수로인 대운하를 건설하는 힘든 공사를 벌였어요. 게다가 고구려를 정복하려고 여러 번 전쟁을 일으켰지만 매번 실패하고 돌아왔지요. 그러면서 나라의 힘은 점점 약해졌고, 백성들의 불만은 높아졌어요. 결국 수나라도 진나라처럼 세워진 지 얼마 안 되어 멸망했어요.

2 문단 수나라가 사라진 이후 ⓒ**이연**이라는 인물이 당나라를 세웠어요. 당나라는 안정된 제도 덕분에 크게 발전했어요. 시간이 흘러 ⓓ**현종**이 당나라의 황제가 되었어요. 현종은 처음에는 백성들을 잘 돌봤어요. 똑똑한 관리들을 옆에 두고 그들의 말에 ⟦ ㉠ ⟧ 나라를 다스렸지요. 그러나 현종이 당나라 최고 미인으로 알려진 **양귀비**에게 빠지며 상황은 달라졌어요.

"양귀비야, 네가 이 세상에서 가장 예쁘구나!"

현종은 나랏일은 **뒷전**이고 밤낮으로 잔치를 벌여 나라의 돈을 펑펑 썼어요. 곧 백성들의 불만은 폭발했어요. **안녹산**이라는 지방 관리가 봉기를 일으킨 거예요. 이 봉기는 안녹산의 부하 **사사명**에게 이어져 여러 해 계속되어서 '안사의 난'이라고 불려요. 현종은 **부랴부랴** 도망갔지만, 도중에 양귀비는 죽음을 맞았지요. 이렇게 당나라도 힘을 잃고 역사 속으로 사라졌답니다.

• **뒷전** 덜 중요하다고 생각되어 다른 일보다 나중에 관심을 가지는 것을 말해요.
• **부랴부랴** 매우 급하게 서두르는 것을 표현하는 말이에요.

오늘의 날짜   월   일

1주

1

세부 내용

밑줄 친 ⓐ~ⓓ 인물이 한 일이 잘못 연결된 것은 무엇인가요?   (   )

① ⓐ – 중국을 통일했어요.

② ⓑ – 대운하를 건설했어요.

③ ⓒ – 당나라를 세웠어요.

④ ⓓ – 안사의 난을 일으켰어요.

2

내용 추론

밑줄 친 ⓑ 인물과 비슷한 일을 한 인물은 누구인가요?   (   )

① 수나라 문제: 중국을 통일했어요.

② 한나라 무제: 나라의 전성기를 이끌었어요.

③ 진나라 시황제: 백성을 동원해 만리장성을 만들었어요.

3

내용 추론

안녹산이 봉기를 일으킨 까닭으로 알맞은 것은 무엇인가요?   (   )

① 중국을 통일하려고 했기 때문에

② 현종에 대한 불만이 폭발했기 때문에

③ 현종으로부터 양귀비를 빼앗으려고 했기 때문에

4

어휘 표현

㉠에 들어갈 알맞은 말은 무엇인가요?   (   )

① 귀를 닫고: 들으려고 하지 않다.

② 귀가 얇아: 남의 말을 쉽게 받아들인다.

③ 귀가 따가워: 너무 여러 번 들어서 듣기가 싫다.

④ 귀를 기울여: 남의 말에 큰 관심을 가지고 듣다.

😊 오늘의 **한** 문장 정리

수나라 멸망 후 세워진 당나라는 ＿＿＿＿＿＿＿＿ 이 양귀비에게 빠져 나라를 돌보지 않고,
안사의 난이 일어나면서 큰 위기에 빠졌어요.

5일차 인터뷰

나라를 휘청거리게 한 두 황제의 속마음

오늘의 인터뷰 ▶▶ 수나라 양제와 당나라 현종을 만나다

진행자 두 황제께서는 나라를 잘못 다스려서 백성들에게 큰 고통을 안겨 주신 분들인데요. 이 부분에 대해 한 분씩 이야기해 보죠.

당 현종 전 **억울해요**. 황제로서 백성들을 돌보는 일에 힘썼고, 당나라의 발전을 위해 노력했단 말이에요.

진행자 그러면 현종께서는 아무런 잘못이 없다는 말씀이신가요?

당 현종 잘못이 없다는 게 아니라, 잘한 것도 있다는 말인 거죠. 양귀비를 만난 이후 나랏일에 관심이 없어졌던 거지 그전까지는 잘해 왔다는 겁니다.

진행자 네, 수나라 양제께서는 어떠신가요?

수 양제 저도 좀 억울한 부분이 있죠. 나랏돈을 많이 쓰면서 화려한 궁궐을 짓긴 했지만, 황제가 그 정도도 못합니까? 물론 관리들이 그러다 진나라처럼 망한다고 했지만 정말 나라가 망할 줄은 몰랐죠.

진행자 그렇군요. 그럼 만약 그때로 돌아간다면 나라를 어떻게 다스리고 싶으신가요?

당 현종 **현명한** 관리를 뽑아서 그들의 말에 귀를 기울여야죠. 무엇보다 ____㉠____ 라는 여자에 빠지는 일은 절대 없을 겁니다. 그녀와 잔치를 벌이느라 백성들의 불만을 샀으니까요.

수 양제 나랏돈을 펑펑 쓰지 말아야죠. 남들에게 자랑하는 걸 좋아해서 잘 될지 모르겠지만, 나라를 망하게 하는 일은 절대 하지 않을 겁니다.

진행자 비록 두 황제께 잘못이 있다고는 하지만 큰 업적을 남기시기도 했죠. 양제 님은 대운하를 만들어서 서로 다른 지역에 사는 사람들끼리 활발하게 교류할 수 있게 하셨고, 현종 님은 당나라 문화를 발전시키셨죠. 두 분에 대한 평가는 시청자 여러분이 하실 겁니다. 오늘 솔직한 이야기 들려주셔서 감사합니다.

• **억울하다** 잘못한 것도 없이 피해를 입어 속이 상하고 답답한 것을 말해요.
• **현명하다** 마음이 너그럽고 슬기로운 것을 말해요.

1 수나라 양제와 당나라 현종의 공통점으로 알맞은 것은 무엇인가요?   (   )

① 새로운 나라를 세웠어요.

② 전쟁을 일으켜 다른 나라를 멸망시켰어요.

③ 나라를 잘못 다스려서 백성들에게 고통을 주었어요.

2 ㉠에 들어갈 알맞은 인물을 골라 ○표 하세요.

| 달기 | 양귀비 | 측천무후 |

3 다음 빈칸에 들어갈 알맞은 말을 이 인터뷰에서 찾아 쓰세요.

수나라 양제는 ＿＿＿＿＿＿＿＿＿ 을/를 만들어 서로 다른 지역에 사는 사람들끼리 활발하게 교류할 수 있게 했어요.

4 이 인터뷰의 내용으로 맞으면 ○표, 틀리면 ×표 하세요.

(1) 당나라 현종은 문화를 발전시켰어요.   (   )

(2) 수나라 양제는 진나라를 멸망시켰어요.   (   )

(3) 수나라 양제는 나랏돈을 써서 화려한 궁궐을 지었어요.   (   )

1~5일 지문에서 나온 중요 어휘를 정리해 보세요.

1 밑줄 친 말의 뜻을 알맞게 줄로 이으세요.

진나라 시황제는 울퉁불퉁한 도로를 잘 정비했어요. ·

· 여러 사람이 어떤 장소로 모이다.

춘추 전국 시대에 백성들은 전쟁의 고통으로 시름에 잠겼어요. ·

· 몹시 욕심을 내거나 관심을 기울이다.

당나라 현종은 양귀비에게 빠져 나랏일은 뒷전이고 잔치를 벌였어요. ·

· 시설이 제 기능을 할 수 있도록 정리하다.

많은 사람들이 서아시아의 티그리스강과 유프라테스강 주변으로 모여들었어요. ·

· 마음에 걸려 풀리지 않고 항상 남아 있는 걱정

춘추 전국 시대의 여러 나라는 힘을 키우려고 눈에 불을 켜고 인재를 모았어요. ·

· 덜 중요하다고 생각되어 다른 일 보다 나중에 관심을 가지는 것

진나라 시황제가 많은 백성을 동원해 만리장성을 쌓은 것은 불난 집에 부채질한 꼴이었어요. ·

· 다른 사람이 어려움을 겪을 때 도와주기는커녕 더 어렵게 하거나 화나게 하다.

2 밑줄 친 말과 뜻이 비슷한 낱말을 〈보기〉에서 찾아 빈칸에 쓰세요.

〈 보기 〉

모질다	격려하다	기름지다	꾸밈없다	지혜롭다

(1) 수메르의 지도자들은 사람들이 열심히 일하도록 **북돋았어요.**
어떤 일을 더 잘해낼 수 있도록 기운을 높여 주다.

(2) 이집트는 나일강 주변의 땅이 **비옥해서** 농사짓기에 좋았어요.
땅에 양분이 많다.

(3) 당나라 현종은 처음에는 **현명한** 관리들을 뽑아 나라를 잘 돌봤어요.
마음이 너그럽고 슬기롭다.

(4) 노자는 백성을 자연스럽게 두면 아이처럼 **순수해질** 거라고 주장했어요.
개인적인 욕심이나 못된 생각이 없다.

(5) 함무라비 법전에 따르면 신분이 낮은 사람들은 더 **가혹한** 벌을 받았어요.
감당할 수 없을 만큼 몹시 심하게 굴다.

3 다음 (   ) 안에 들어갈 알맞은 말을 골라 ○표 하세요.

(1) (**사납기로** , **싸납기로**) 유명한 흉노는 진나라 시황제의 걱정거리였어요.

(2) 이집트 피라미드는 대부분 카이로 근처 사막 주변에 (**흩어져** , **흩터져**) 있어요.

(3) 오늘날에도 이집트 피라미드를 만든 방법을 정확히 (**밝켜내지** , **밝혀내지**) 못했어요.

(4) 쿠푸왕은 자신의 힘을 (**가시하기** , **과시하기**) 위해 누구보다 큰 피라미드를 짓게 했어요.

(5) 함무라비 법전에서 눈에 (**띄는** , **띠는**) 부분은 저지른 죄와 같은 벌을 주었다는 것이에요.

2 주

기원
(예수가 태어난 해)

기원전   기원전   기원후   기원후
2000년   1000년   1000년   2000년

* 예수가 태어난 해를 기준으로
  그 전을 '기원전', 그 후를 '기원후'라고 해요.
  '기원후'는 따로 표시하지 않아요.

1일

페르시아 제국을 이끈 왕

기원전 6세기경

다리우스 1세가 페르시아
제국의 전성기를 열었어요.

2일

인도 왕조를 이끈 왕

기원전 3세기경

아소카왕이 마우리아 왕조의
전성기를 이끌었어요.

기원전 4세기경

마우리아 왕조가 세워지면서
인도의 역사가 본격적으로
시작되었어요.

3~4세기경

야마토 정부가 세워지면서
일본의 역사가 본격적으로
시작되었어요.

연표를 따라가며 **2주차**에 만날 서아시아와
일본, 중국의 주요 인물을 살펴보세요.

3일

쇼토쿠 태자

6세기경

쇼토쿠 태자가 일본을
다스리기 시작했어요.

4일

무함마드

610년

무함마드가 이슬람교를
창시했어요.

5일

몽골 제국의 황제

1271년

쿠빌라이 칸이 몽골 제국의
이름을 원나라로 고쳤어요.

1206년

칭기즈 칸이 몽골 부족을
통일했어요.

1일차
글

지문분석 동영상강의

페르시아 제국은 어떻게 성장했을까요?

세계 인물 발자취

○ **기원전 525년** 페르시아, 서아시아 통일

○ **기원전 6세기경** 페르시아 전성기

다리우스 1세

○ **기원전 492년** 그리스·페르시아 전쟁 시작

○ **기원전 4세기경** 인도, 마우리아 왕조 성립

1 문단 **함무라비왕**이 다스렸던 바빌로니아 왕국이 멸망한 후 서아시아 지역에서는 혼란이 계속되었어요. 그러던 중 이 지역의 혼란을 정리해 나라의 기틀을 다진 인물이 있었으니, 그는 바로 페르시아 제국의 **키루스 2세**였어요. 서아시아 세계의 지배자가 된 키루스 2세는 사람들에게 이렇게 말했어요.

"페르시아 사람들이여, 일어나라. 이제는 우리가 세상의 지배자가 될 것이다!"

키루스 2세는 강력한 군대를 앞세워 주변 나라들을 차지해 나갔어요. 그러고는 정복한 지역의 주민들이 믿고 있던 종교를 인정해 주고, 그들의 문화를 ⎯⎯⎯⎯⎯ 너그러운 정책을 펼쳤어요. 덕분에 페르시아 제국은 다양한 민족이 가진 능력과 기술, 자원 등을 활용해 거대한 나라로 발전할 수 있었어요.

2 문단 나라를 안정적으로 이끌던 키루스 2세가 죽자 페르시아 제국은 내부에서 다툼이 일어났어요. 왕족과 귀족들이 너도나도 서로 자신이 왕이 되겠다며 싸운 것이에요. 이때 모든 혼란을 **잠재우며** 혜성처럼 나타난 인물이 바로 귀족들 중에서 가장 강력한 힘을 가진 **다리우스 1세**였어요.

"오늘부터 나, 다리우스 1세가 페르시아 제국을 이끌 것이다!"

왕의 자리에 오른 다리우스 1세는 여러 지역을 **손에 넣으며** 페르시아 제국의 전성기를 이끌었어요. 그는 키루스 2세처럼 자신이 차지한 나라의 백성들이 믿고 있던 종교와 문화를 인정해 주며 너그럽게 다스렸어요. 그리고 넓은 땅을 효율적으로 다스리고 사람과 물건의 이동을 활발히 하기 위해 '왕의 길'이라는 도로를 만들었어요. 이 도로를 이용하면 3개월 정도 걸리는 거리를 일주일 만에 갈 수 있었다고 해요. 또 다리우스 1세는 전국을 여러 개로 나누어 그 지역을 다스릴 관리를 보냈는데, 따로 '왕의 눈', '왕의 귀'라고 불리는 관리들을 보내 이들이 일을 잘하고 있는지 감시하기도 했답니다. 그렇게 페르시아 제국은 200여 년 동안 전성기를 누리며 평화로운 날이 계속되었어요.

♀ 외국 사신(왼쪽)을 맞이하는 다리우스 1세(오른쪽)

다리우스 1세는 인도의 인더스강에서 이집트에 이르는 거대한 제국을 건설했어요.

- **너그럽다** 다른 사람의 사정을 잘 이해하고 마음 씀씀이가 넓은 것을 말해요.
- **잠재우다** 어떤 현상이나 생각 등을 조용하게 하는 것을 말해요.
- **손에 넣다** 어떤 것을 완전히 자기 것으로 만들었다는 뜻이에요.

오늘의 날짜   월   일

2주

1
어휘 표현

㉠에 들어갈 알맞은 말은 무엇인가요?   (   )

① 존중하는: 높이어 귀하게 여기다.

② 거부하는: 받아들이지 않고 물리치다.

③ 차별하는: 둘 이상의 대상을 다르게 대하다.

2
세부 내용

다음 빈칸에 들어갈 알맞은 말을 이 글에서 찾아 쓰세요.

> 다리우스 1세는 넓은 땅을 효율적으로 다스리고 사람과 물건의 이동을 활발히 하기 위해 '왕의 _____'(이)라는 도로를 만들었어요.

3
세부 내용

이 글의 내용으로 알맞은 것은 무엇인가요?   (   )

① 페르시아 제국은 함무라비왕이 세웠어요.

② 페르시아 제국은 바빌로니아 왕국에게 멸망당했어요.

③ 다리우스 1세는 전국을 나누어 그 지역을 다스릴 관리를 보냈어요.

4
내용 요약

이 글의 내용을 요약했어요. 빈칸에 들어갈 알맞은 말을 찾아 쓰세요.

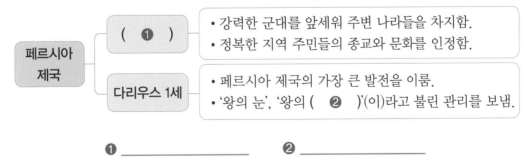

- 페르시아 제국 ─ (❶)
  - 강력한 군대를 앞세워 주변 나라들을 차지함.
  - 정복한 지역 주민들의 종교와 문화를 인정함.
- 다리우스 1세
  - 페르시아 제국의 가장 큰 발전을 이룸.
  - '왕의 눈', '왕의 (❷)'(이)라고 불린 관리를 보냄.

❶ _____   ❷ _____

 오늘의 **한** 문장 정리

키루스 2세가 기틀을 다진 페르시아 제국은 _____ 때 전성기를 맞이했어요.

1일차
온라인 대화

인정과 용서로 나라를 다스린 페르시아

1

왕들의 모임 (3)

아슈르바니팔(아시리아)
나는 정복지의 백성들이 가지고 있던 문화유산을 모두 없애 버렸소. 그들의 조상과 옛 왕의 무덤도 완전히 **짓밟아** 주었죠.

키루스 2세(페르시아 제국)
쯧, 그렇게 가혹하게 다스렸으니 아시리아가 금방 망한 거예요.

아슈르바니팔(아시리아)
내가 무엇을 잘못했소? 원래 정복지 백성들은 말을 잘 듣지 않기 때문에 힘으로 다스려야 하오.

키루스 2세(페르시아 제국)
힘만 앞세우면 **부작용**도 따르지요. 우리 페르시아 제국은 정복한 지역 백성들의 안전을 지켜 주고, 그들의 종교와 문화도 인정해 주었죠. 아시리아처럼 되고 싶지 않았으니까요.

아슈르바니팔(아시리아)
나도 뭐 그렇게 할 줄 몰라서 안 했던 건 아니오. 그냥 계속 그래 왔으니까…… 쩝.

2

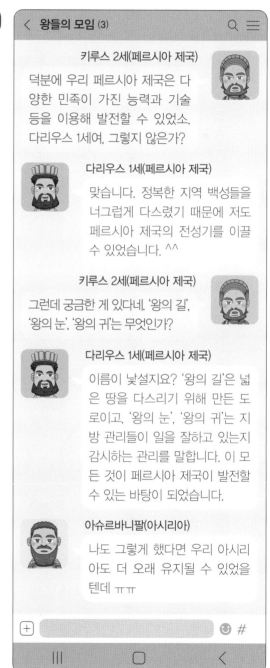

왕들의 모임 (3)

키루스 2세(페르시아 제국)
덕분에 우리 페르시아 제국은 다양한 민족이 가진 능력과 기술 등을 이용해 발전할 수 있었소. 다리우스 1세여, 그렇지 않은가?

다리우스 1세(페르시아 제국)
맞습니다. 정복한 지역 백성들을 너그럽게 다스렸기 때문에 저도 페르시아 제국의 전성기를 이끌 수 있었습니다. ^^

키루스 2세(페르시아 제국)
그런데 궁금한 게 있다네. '왕의 길', '왕의 눈', '왕의 귀'는 무엇인가?

다리우스 1세(페르시아 제국)
이름이 낯설지요? '왕의 길'은 넓은 땅을 다스리기 위해 만든 도로이고, '왕의 눈', '왕의 귀'는 지방 관리들이 일을 잘하고 있는지 감시하는 관리를 말합니다. 이 모든 것이 페르시아 제국이 발전할 수 있는 바탕이 되었습니다.

아슈르바니팔(아시리아)
나도 그렇게 했다면 우리 아시리아도 더 오래 유지될 수 있었을 텐데 ㅠㅠ

 • **아시리아** 메소포타미아 지역에 있었던 옛 나라예요.

• **짓밟다** 다른 사람의 인격이나 권리 등을 억누르거나 해치는 것을 말해요.

• **부작용** 어떤 일로 인해 기대하지 않았던 바람직하지 못한 일이 일어나는 것을 말해요.

오늘의 날짜   월   일

1 다음과 같이 주장한 왕은 누구인가요?   (   )

"정복한 지역의 백성들은 말을 잘 듣지 않기 때문에 힘으로 다스려야 합니다."

① 아슈르바니팔   ② 키루스 2세   ③ 다리우스 1세

2 페르시아 제국의 전성기를 이끈 왕을 골라 ○표 하세요.

| 아슈르바니팔 | 키루스 2세 | 다리우스 1세 |

3 이 대화의 내용으로 맞으면 ○표, 틀리면 ×표 하세요.

(1) 아시리아는 페르시아 제국을 멸망시켰어요.   (   )
(2) 다리우스 1세는 넓은 땅을 다스리기 위해 도로를 만들었어요.   (   )
(3) 키루스 2세는 정복한 지역 백성들의 종교와 문화를 인정해 주었어요.   (   )

4 다음 빈칸에 들어갈 알맞은 말을 두 가지 고르세요.   (　 , 　)

다리우스 1세는 각 지역에 '왕의 _____'(이)라고 불린 관리를 보내 지방 관리들이 일을 잘하고 있는지 감시했어요.

① 귀   ② 길   ③ 눈   ④ 발

2일차 글

불교의 가르침에 따라 인도를 다스린 왕은 누구일까요?

세계 인물 발자취

○ 기원전 3세기경 인도, 마우리아 왕조 전성기

아소카왕

● 1세기경 쿠샨 왕조 성립

● 1~2세기경 인도, 쿠샨 왕조 전성기

카니슈카왕

📍 **아소카왕의 돌기둥**

아소카왕이 세운 돌기둥의 머리 부분이에요. 사자는 왕의 권위를, 수레바퀴는 진리를 뜻해요. 이 수레바퀴 무늬는 현재 인도 국기와 지폐에 그려져 있어요.

1 문단 마치 피자 조각처럼 여러 작은 나라들로 나누어져 있던 인도. 그곳에 그리스와 페르시아를 정복한 **알렉산드로스**가 침입했어요. 그러자 난리가 난 인도의 나라들은 힘을 모아 외부의 침입을 막아야 한다고 생각했지요. 그래서 알렉산드로스가 물러간 후 인도 북쪽을 처음으로 통일한 마우리아 왕조가 세워졌어요.

2 문단 시간이 흘러, ⓐ**아소카왕**이 마우리아 왕조를 다스리게 되었어요. 그런데 마우리아 왕조 남쪽에 있던 칼링가 왕국은 아소카왕을 따르지 않았어요.

"**괘씸한** 칼링가 왕국 녀석들, 내가 반드시 혼쭐을 내주겠어."

아소카왕은 곧 군대를 이끌고 **눈엣가시** 같던 칼링가 왕국을 침략했고, 수많은 사람의 목숨을 빼앗았어요. 아소카왕은 시뻘건 피를 흘리며 죽어 가는 사람들을 보다가 갑자기 깨달음을 얻었어요.

'㉠나는 도대체 무엇을 위해 많은 사람들을 죽였던 것인가? 뒤늦은 후회는 아무런 힘이 없구나.'

아소카왕은 너무나 많은 사람들의 목숨을 빼앗은 것을 깊이 후회했어요. 그래서 앞으로는 군대를 앞세운 힘 대신 불교의 가르침에 따라 나라를 다스리겠다고 다짐했어요. 그리고 나라 곳곳에 불교의 가르침과 자신의 정책을 새긴 돌기둥, 사원과 탑을 세워 더 많은 사람이 불교를 믿도록 했지요.

3 문단 아소카왕이 죽은 뒤 마우리아 왕조의 힘은 빠르게 약해졌어요. 결국 인도는 다시 여러 나라로 쪼개어져 버렸지요. 그 후 쿠샨 왕조가 인도 북쪽 지역을 다시 통일했어요. 쿠샨 왕조는 ⓑ**카니슈카왕** 때 가장 큰 발전을 이루었어요. 카니슈카왕은 아소카왕처럼 백성들이 불교를 믿도록 **권했어요**. 그리고 불교를 바탕으로 나라를 안정시키는 데에도 큰 노력을 기울였답니다.

- **괘씸하다** 기대나 믿음에 어긋나는 못마땅한 행동을 하여 밉게 보이는 것을 뜻해요.
- **눈엣가시** 몹시 미워서 보기가 싫은 사람을 말해요.
- **권하다** 어떤 사람에게 좋다고 여겨지는 일을 하도록 하는 것을 말해요.

오늘의 날짜   월   일

2주

1 밑줄 친 ⊙과 어울리는 사자성어로 알맞은 것은 무엇인가요?   (   )

어휘 표현

① 상부상조: 서로서로 돕다.

② 대기만성: 크게 될 사람은 많은 노력을 한 끝에 늦게 성공한다.

③ 후회막급: 이미 잘못된 뒤에 아무리 후회해도 다시 어찌할 수가 없다.

2 아소카왕이 사원과 탑을 세운 까닭으로 알맞은 것은 무엇인가요?   (   )

세부 내용

① 칼링가 왕국을 침략하기 위해

② 쿠샨 왕조를 멸망시키기 위해

③ 더 많은 사람이 불교를 믿도록 하기 위해

3 밑줄 친 ⓐ, ⓑ 인물의 공통점으로 알맞은 것은 무엇인가요?   (   )

내용 추론

① 알렉산드로스의 침입을 물리쳤어요.

② 불교를 바탕으로 나라를 다스렸어요.

③ 인도 전체를 통일하고 새로운 왕조를 세웠어요.

4 이 글을 읽고 다음 내용을 일어난 순서대로 알맞게 기호를 쓰세요.

내용 요약

> (가) 마우리아 왕조가 세워졌어요.
>
> (나) 아소카왕이 칼링가 왕국을 침략했어요.
>
> (다) 카니슈카왕이 쿠샨 왕조의 가장 큰 발전을 이루었어요.

(   ) ➡ (   ) ➡ (   )

🐵 오늘의 **한** 문장 정리

인도 마우리아 왕조의 아소카왕과 쿠샨 왕조의 카니슈카왕은 ＿＿＿＿＿＿＿＿＿＿ 의 가르침에 따라 나라를 다스렸어요.

2일차 SNS

눈물로 깨달음을 얻은 아소카왕

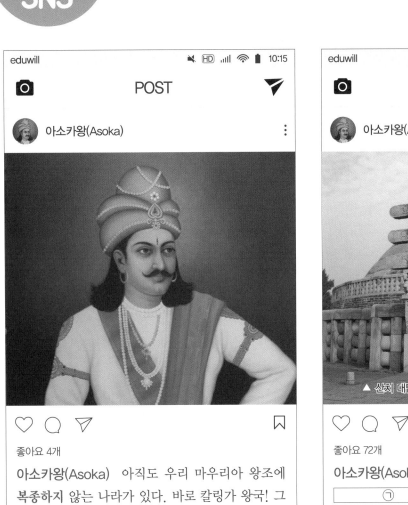

eduwill ◀ HD .ᵢₗₗ 🛜 🔋 10:15

POST

👤 아소카왕(Asoka) ⋮

♡ ◯ ◁ 🔖

좋아요 4개

아소카왕(Asoka) 아직도 우리 마우리아 왕조에 **복종하지** 않는 나라가 있다. 바로 칼링가 왕국! 그 놈들은 대체 무엇을 믿고 그렇게 버티고 있단 말인가? **뜨거운 맛을 봐야** 정신을 차리는 것인가? 더 이상은 두고 볼 수 없다. 내가 반드시 군대를 이끌고 쳐들어가 살아 있는 모든 것을 없애 버릴 것이다.

#마우리아 왕조 최고 #칼링가 조심해

🏠 🔍 ➕ ♡ 👤

eduwill ◀ HD .ᵢₗₗ 🛜 🔋 12:30

POST

👤 아소카왕(Asoka) ⋮

🔻 아소카왕의 돌기둥 머리 부분

▲ 산치 대탑

♡ ◯ ◁ 🔖

좋아요 72개

아소카왕(Asoka) 칼링가 왕국과의 전투에서 나는 [　　ㄱ　　] 느꼈다. 칼링가 왕국 사람들이 죽은 모습을 바라보면서 가슴이 찢어졌고, 깊은 슬픔에 잠겼다. 그래서 나는 불교로 나라를 너그러이 다스릴 것을 돌기둥에 새겨 널리 알리려고 한다. 나라 곳곳에 불탑도 세울 것이니 백성들도 불교를 많이 믿길 바란다.

#칼링가 미안해 #불교 만세 #불탑 세워라

🏠 🔍 ➕ ♡ 👤

- **복종하다** 다른 사람의 명령이나 의견을 그대로 따르는 것을 말해요.
- **뜨거운 맛을 보다** 심한 고통이나 어려움을 겪는 것을 말해요.

2주

1 아소카왕이 군대를 이끌고 쳐들어간 나라를 골라 ○표 하세요.

| 쿠샨 왕조 | 칼링가 왕국 | 마우리아 왕조 |

2 ㉠에 들어갈 알맞은 말은 무엇인가요?   (   )

① 마음의 여유로움을

② 감출 수 없는 행복과 기쁨을

③ 씻을 수 없는 죄를 지었다는 깊은 후회를

3 이 SNS의 내용으로 맞으면 ○표, 틀리면 ×표 하세요.

(1) 아소카왕은 마우리아 왕조를 다스렸어요.   (   )

(2) 아소카왕은 나라 곳곳에 불탑을 세웠어요.   (   )

(3) 아소카왕은 백성들이 불교를 믿기를 바랐어요.   (   )

4 아소카왕과 관련된 문화유산이 <u>아닌</u> 것은 무엇인가요?   (   )

①
🔺 호류사

②
🔺 산치 대탑

③
🔺 돌기둥(머리 부분)

3일차 글

지문분석 동영상강의

일본의 불교문화를 꽃피운 지도자는 누구일까요?

세계 인물 발자취

- 3~4세기경 일본, 야마토 정부 성립
- 6세기경 쇼토쿠 태자, 일본 통치

쇼토쿠 태자

- 610년 무함마드, 이슬람교 창시
- 618년 중국 당나라 건국
- 1206년 칭기즈 칸, 몽골 부족 통일

1 문단 신라가 고구려, 백제와의 경쟁에서 승리해 삼국을 통일한 것처럼, 일본에서도 '야마토 정부'가 여러 나라를 통일했어요. 그런데 야마토 정부는 여러 작은 나라들이 합쳐져 만들어졌기 때문에 나라를 다스려야 할 지도자의 힘이 매우 약했어요. ⑤ 각 지방에 있는 세력들의 힘은 강했지요. 이들은 서로 자신의 **마음에 드는** 사람을 지도자로 만들기 위해 자주 싸움을 벌였어요. 그러던 중 나라를 마음대로 움직일 수 있을 정도로 힘이 강한 세력이 나타났어요. 이 세력은 백제와 고구려로부터 발전된 문화를 받아들인 덕분에 다른 세력에 비해 훨씬 수준 높은 문화와 기술을 가지고 있었어요.

2 문단 시간이 흘러, 이 집안의 📍쇼토쿠 태자가 야마토 정부의 지도자가 되었어요. 쇼토쿠 태자는 나라를 잘 다스리려면 우선 자신의 힘이 강해져야 하고, 그러기 위해서는 자신을 **뒷받침해** 줄 관리들이 필요하다는 걸 알고 있었어요.

"앞으로 신분에 관계없이 능력만 뛰어나다면 벼슬을 주어 나랏일을 맡길 것이오."

게다가 그는 문화의 중요성도 너무나 잘 알고 있었어요. 그래서 백제와 고구려, 중국으로부터 앞선 불교문화와 기술을 받아들이려고 했어요. 백제와 고구려에서도 **앞다투어** 스님과 학자, 기술자를 일본으로 보내왔어요. 때마침, 고구려에서 특별한 손님이 찾아왔어요. 바로 아는 것이 많기로 소문난 **담징** 스님이었어요. 쇼토쿠 태자는 이렇게 좋은 기회를 놓칠 수 없었어요. 곧장 담징 스님을 만나 종이와 먹 만드는 기술을 가르쳐 달라고 했지요. 한편 쇼토쿠 태자는 담징 스님뿐만 아니라 여러 학자와 스님에게 기술과 불교를 배워 나라를 발전시켜 나갔어요. 그리하여 일본은 쇼토쿠 태자가 지도자의 자리에 있었을 때 나라의 바탕을 다지고 화려한 불교문화를 꽃피우게 되었답니다.

📍 쇼토쿠 태자

가운데 가장 키가 큰 사람이 쇼토쿠 태자예요. 그는 많은 사람들에게 불교를 믿도록 해 일본의 문화 발전에 큰 역할을 했어요. '호류사'라는 절을 비롯해 물론 수많은 절을 세웠다고 전해져요.

- **마음에 들다** 어떤 것에 대하여 좋은 감정을 느낀다는 뜻이에요.
- **뒷받침하다** 뒤에서 응원하고 도와주는 것을 말해요.
- **앞다투다** 다른 사람보다 앞서거나 잘하려고 경쟁적으로 노력하는 것을 말해요.

오늘의날짜   월   일

1 ⊙에 들어갈 알맞은 말은 무엇인가요?   (   )

어휘 표현

① 결국   ② 하지만   ③ 그럼에도   ④ 예를 들어

2 다음 밑줄 친 내용을 바르게 고쳐 쓰세요.

어휘 표현

앞으로 신분에 관계없이 만 뛰어나다면 벼슬을 주어 나랏일을 맡길 것이오.

✎ _____

3 이 글의 내용으로 알맞지 <u>않은</u> 것은 무엇인가요?   (   )

세부 내용

① 쇼토쿠 태자는 문화를 중요하게 생각하지 않았어요.

② 백제와 고구려는 일본에 스님과 학자 등을 보냈어요.

③ 야마토 정부는 여러 작은 나라들이 합쳐진 나라였어요.

④ 쇼토쿠 태자의 집안은 수준 높은 문화와 기술을 갖고 있었어요.

4 다음 빈칸에 들어갈 알맞은 인물을 이 글에서 찾아 쓰세요.

세부 내용

쇼토쿠 태자는 _____ 스님에게 종이와 먹 만드는 기술을 가르쳐 달라고 했어요.

 오늘의 **한** 문장 정리

일본의 _____ 정부는 쇼토쿠 태자가 나라를 다스릴 때 화려한 불교문화를 꽃피웠어요.

3일차 블로그

지문분석 동영상강의

쇼토쿠 태자의 **불교** 사랑

🏠 쇼토쿠 태자의 블로그 ✕

← → C https://blog.yamato.com/Prince_Shôtoku ☆

내 블로그 | 이웃 블로그 | 블로그 홈 | 로그인

쇼토쿠 태자

일본의 불교 발전에 힘써 '아스카 문화'를 연 지도자 랍니다. 이웃 맺기는 언제 든 환영해요.

목록

📑 전체 보기(12)

📑 나의 관심거리(9) N
  📄 부처님의 나라, 일본(3)
  📄 제도 정비 프로젝트(3)
  📄 종이, 먹 만들기(2)
  📄 생생 외국 소식(1)
📑 나의 일상(3)
  📄 야마토 생활(2)
  📄 나라 생활(1)

담징 스님을 배웅하며…

👤 쇼토쿠 태자 6○○년 ○○월 ○○일 12:24   URL 복사

　안녕하세요! 이웃님들. 고구려에서 오셨던 특별한 손님을 배웅하고 오는 길이에요. 그분은 바로 우리 일본에 불교문화와 물론 여러 기술을 알려 주신 담징 스님이에요. 담징 스님은 아는 게 참 많은 분이셨어요. 그래서 전 담징 스님께 일본의 문화 발전을 위해 불교는 물론 종이와 먹 만드는 기술도 알려 달라고 했어요. 담징 스님은 선뜻 자신이 아는 모든 것을 자세히 가르쳐 주셨답니다. 예전에 고구려의 혜자 스님과 백제의 혜총 스님을 스승님으로 모셨던 것처럼, 담징 스님도 제게 그분들 못지않은 큰 영향을 주셨어요.

　담징 스님 이야기를 하니 제가 불교 발전을 위해 노력한 다른 일들을 얘기하고 싶네요. 전 일본의 불교가 더욱 발전했으면 하는 바람에서 많은 절을 지었는데요. 그중에서 특히 호류사를 좋아해요. 제 재산까지 들여 지은 까닭도 있지만, 커다란 금당 벽화 등 아름다운 문화유산이 있는 절이기 때문이에요. 여러 사람들은 제 이런 노력 덕분에 일본이 화려한 불교문화를 꽃피웠다며, 제가 '아스카 문화'를 열었다고 한다는군요. 하하, 너무 제 자랑만 했나요? 앞으로도 담징 스님과 여러 스승님의 가르침을 따라 불교 발전을 위해 노력할 테니 관심 갖고 지켜봐 주세요.

🔺 호류사

🔺 호류사 안 금당 벽화

활동 정보 ▲

블로그 이웃 77명
글 보내기 5회
글 퍼오기 3회

---

1 다음 (   ) 안에 들어갈 알맞은 말을 골라 ○표 하세요.

> 쇼토쿠 태자는 일본의 (**불교** , **크리스트교**)가 더욱 발전했으면 하는 바람에서 많은 절을 지었어요.

2 이 블로그의 내용으로 맞으면 ○표, 틀리면 ×표 하세요.

⑴ 호류사에는 커다란 금당 벽화가 있어요. (   )

⑵ 쇼토쿠 태자는 혜자 스님과 혜총 스님을 스승으로 모셨어요. (   )

⑶ 쇼토쿠 태자는 혜자 스님께 종이와 먹 만드는 기술을 알려 달라고 했어요. (   )

3 다음 절을 만든 인물은 누구인가요?   (   )

① 담징
② 혜자
③ 혜총
④ 쇼토쿠 태자

4 다음 빈칸에 들어갈 알맞은 말을 이 블로그에서 찾아 쓰세요.

> 일본은 쇼토쿠 태자의 노력으로 화려한 불교문화를 꽃피웠어요. 사람들은 쇼토쿠 태자가 연 이때의 문화를 ＿＿＿＿＿＿＿＿＿＿ 문화라고 불러요.

4일차

글

이슬람교는 누가 만들었을까요?

지문분석 동영상강의

세계 인물 발자취

- 610년 무함마드, 이슬람교 창시

무함마드

- 622년 무함마드, 메카에서 메디나로 이동(헤지라)

- 1206년 칭기즈 칸, 몽골 부족 통일

📍 **세계 3대 종교, 이슬람교**
전 세계의 많은 사람들이 믿어서 크리스트교, 불교와 함께 세계 3대 종교로 불려요.

📍 **무함마드의 이동**

무함마드가 자신을 따르는 사람들과 함께 메카에서 메디나로 이동한 사건을 '헤지라'라고 해요. 이슬람교를 믿는 사람들은 헤지라를 매우 중요하게 생각해요.

1 문단 서아시아의 아라비아반도에서는 무역이 크게 발전했어요. 그로 인해 '메카'와 '메디나'라는 거대한 무역 도시들이 나타났지요. 그런데 무역으로 얻은 이익을 일부 귀족들이 **독차지하면서** 그들만 부자가 되었고, 일반 백성들은 계속 가난에 **시달렸어요.** 그러던 중 메카에서 한 아이가 태어났어요. 그 아이의 이름은 **무함마드**였답니다. 그는 어렸을 때부터 여러 곳으로 장사를 다니며 다양한 사람을 만났어요. 그러다 점점 종교에 관심을 갖게 되었어요.

2 문단 어느 날, 무함마드는 한 동굴 안에 앉아 있었어요. 무함마드는 한순간 사람들을 구해 줄 진정한 신은 오직 '알라'뿐이라고 깨달았어요. 그리고 자신이 깨달은 점을 정리하여 종교를 **창시했어요.** 그 종교가 바로 '이슬람교'예요.

"우리를 구해 주실 진정한 신, 그분은 알라십니다. 그분은 부자와 가난한 사람을 똑같이 사랑하십니다. 알라 앞에서는 모든 사람이 평등합니다!"

무함마드가 이렇게 말하며 이슬람교의 가르침을 전하자, 그를 따르는 사람이 셀 수 없이 늘어났어요. 모든 사람이 평등하다는 무함마드의 말에 메카의 귀족들은 **등골이 오싹해졌지요.** 그동안 독차지하던 이익을 빼앗길까 봐 걱정되었거든요. 그래서 귀족들은 무함마드와 그를 따르는 사람들을 못살게 굴었어요. 메카에 머물기 힘들어진 무함마드는 사람들을 이끌고 메카를 떠났어요.

3 문단 메카에서 메디나로 온 무함마드는 세력을 키운 후 수많은 군대를 이끌고 메카로 쳐들어갔어요. 엄청난 수의 군대를 보고 놀란 메카의 귀족들은 ⬚ ㉠ ⬚ 를 믿기로 하고 항복했답니다.

"형제들이여, 이제 우리는 서로 힘을 합쳐야 합니다!"

이렇게 무함마드는 메카를 정복했고, 더 많은 사람들이 그를 따랐어요. 이후 무함마드가 아라비아반도 대부분을 통일하여 이 지역에 평화가 찾아왔답니다.

- **독차지하다** 혼자서 다 가지는 것을 말해요.
- **시달리다** 괴로움을 당하는 것을 말해요.
- **창시하다** 종교나 학문 등을 처음으로 시작하는 것을 말해요.
- **등골이 오싹하다** 몹시 무섭거나 추워서 몸이 움츠러들거나 소름이 끼치는 것을 말해요.

오늘의 날짜   월   일

2주

1
세부 내용

무함마드에 대한 설명으로 알맞지 <u>않은</u> 것은 무엇인가요?   (   )

① 메디나에서 태어났어요.

② 어렸을 때부터 여러 곳으로 장사를 다녔어요.

③ 사람들을 구해 줄 진정한 신은 오직 '알라'뿐이라고 깨달았어요.

2
내용 추론

귀족들이 무함마드를 못살게 군 까닭으로 알맞은 것은 무엇인가요?   (   )

① 무함마드가 종교를 믿지 않았기 때문에

② 무함마드가 무역의 이익을 독차지했기 때문에

③ 무함마드가 신 앞에 모든 사람이 평등하다고 했기 때문에

3
세부 내용

㉠에 들어갈 알맞은 종교를 이 글에서 찾아 쓰세요.

✎ _____

4
내용 요약

이 글의 내용을 요약했어요. 빈칸에 들어갈 알맞은 말을 찾아 쓰세요.

이슬람교 창시 전	• 무역의 이익을 귀족들이 독차지하면서 일반 백성들은 가난해짐. • 무함마드가 점점 종교에 관심을 갖게 됨.

⬇

이슬람교 창시	• 무함마드가 (❶) 앞에 모든 사람이 평등하다고 주장함. • 무함마드가 자신을 따르는 사람들과 함께 이동함.

⬇

이슬람교 창시 후	• 무함마드가 군대를 이끌고 (❷)(으)로 쳐들어감. • 무함마드가 아라비아반도 대부분을 통일함.

❶ _____   ❷ _____

🐵 오늘의 **한** 문장 정리

이슬람교를 창시한 _____ 는 메디나에서 세력을 키운 후 메카를 정복하고 아라비아반도를 대부분 통일했어요.

4일차
카드뉴스

무함마드, 천사의 목소리를 듣다

01 천사의 가르침을 받는 무함마드

아라비아반도의 메카에서 태어난 무함마드는 가난에 시달리는 사람들의 고통에 대해 고민했어요. 그는 동굴 안에서 천사의 가르침을 받아 사람들을 구해 줄 진정한 신은 오직 '알라'뿐이라는 깨달음을 얻었어요.

02 메디나로 이동하는 무함마드

무함마드는 이슬람교를 창시했고, 무함마드를 따르는 사람들은 계속 늘어났어요. 하지만 그들은 메카 귀족들의 **탄압**을 받았지요. 결국 무함마드는 자신을 따르는 사람들과 함께 메카를 떠나 메디나로 이동했어요.

03 전투를 벌이는 무함마드의 군대

메디나에서 세력을 키운 무함마드는 군대를 이끌고 메카로 쳐들어갔어요. 무함마드의 군대는 메카의 군대와 전투를 벌여 승리하였고, 메카의 귀족들도 무함마드에게 항복했어요.

04 무함마드의 아라비아반도 통일

무함마드는 메카를 정복하고 아라비아반도의 대부분을 통일했어요. 그는 카바 신전을 알라의 신전으로 바꾸고, 이슬람교의 중요한 장소로 삼았어요. 무함마드는 카바 신전에서 기도를 드리고 메카를 떠났어요.

• **탄압** 힘으로 억지로 눌러 꼼짝 못하게 하는 것을 말해요.

오늘의 날짜   월   일

1 무함마드가 창시한 종교를 골라 ○표 하세요.

불교	이슬람교	크리스트교

2 다음 (   ) 안에 들어갈 알맞은 말을 골라 ○표 하세요.

> 무함마드는 귀족들의 탄압을 피해 자신을 따르는 사람들과 함께 (메카 , 메디나)로 이동했어요.

3 이 카드뉴스의 내용으로 맞으면 ○표, 틀리면 ×표 하세요.

(1) 무함마드는 동굴 안에서 깨달음을 얻었어요.   (   )

(2) 무함마드는 카바 신전을 알라의 신전으로 바꾸었어요.   (   )

(3) 무함마드는 사람들을 구해 줄 신은 '알라'뿐이라는 깨달음을 얻었어요. (   )

4 이 카드뉴스를 읽고 다음 내용을 일어난 순서대로 알맞게 기호를 쓰세요.

> ㈎ 무함마드가 이끈 군대는 메카의 군대와 전투를 벌여 승리했어요.
>
> ㈏ 무함마드는 메카를 정복하고 아라비아반도를 대부분 통일했어요.
>
> ㈐ 종교를 창시한 무함마드는 귀족들의 탄압을 피해 다른 지역으로 이동했어요.

(   ) ➡ (   ) ➡ (   )

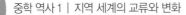

5일차 글

자문분석 동영상강의

드넓은 몽골 제국을 다스린 지도자는 누구일까요?

세계 인물 발자취

- 918년 고려 건국
- 960년 중국 송나라 건국
- 1206년 칭기즈 칸, 몽골 부족 통일

칭기즈 칸

- 1271년 쿠빌라이 칸, 원나라 건국

쿠빌라이 칸

- 1274년 마르코 폴로, 쿠빌라이 칸과 만남.

1 문단 당나라가 멸망한 이후 중국을 다시 통일한 나라는 송나라였어요. 이 송나라가 자신들의 땅을 절반이나 빼앗은 금나라와 싸우고 있을 때, 중국 북쪽에서는 몽골 부족이 힘을 키워 갔어요. 몽골 부족 중에는 '용감한 자'라는 뜻의 이름을 가진 **테무친**이라는 인물이 있었어요. 많은 사람의 지지를 받아 몽골 부족을 통일하고 최고 지도자가 된 테무친은 이렇게 말했어요.

"몽골 부족이여! 이 세상을 우리의 땅으로 만들자!"

테무친은 '위대하고 강력한 왕'이라는 뜻의 ⓐ**칭기즈 칸**이라는 새로운 이름을 얻었어요. 칭기즈 칸은 뛰어난 지도력과 강력한 군대로 몽골 부족을 이끌고 땅을 계속 넓혀 나갔어요. 그는 전쟁을 치르며 부하들과 함께 잠을 자고 같은 옷을 입었으며, 자신에게 복종한 부족들을 평등하게 대했어요. 칭기즈 칸이 이끄는 몽골 부족이 간 곳은 모두 그들의 땅이 되었고, 몽골군에 맞설 수 있는 적은 거의 없었어요. 몽골군은 거침없이 땅을 넓혀 갔고, 이후 서아시아와 유럽까지 공격했지요. 칭기즈 칸이 세운 나라, 몽골 제국은 이렇게 거대한 제국으로 발전했답니다.

2 문단 시간이 흘러, 칭기즈 칸의 손자 ⓑ**쿠빌라이 칸**이 몽골 부족의 최고 지도자가 되었어요. 쿠빌라이 칸은 신하들에게 이렇게 말했지요.

"수도를 대도(베이징)로 옮기고, 나라 이름을 '원나라'로 바꿀 것이다!"

곧 쿠빌라이 칸은 송나라를 무너뜨리고 중국 전체를 다스리게 되었어요. 하지만 그는 이것에 ㉠만족하지 않았어요. 베트남 등 동남아시아의 여러 나라, 고려와 일본까지 공격해 땅을 계속 넓혔지요. 이때 고려는 비록 원나라에 나라를 빼앗기지는 않았지만, 그들의 심한 간섭을 받았어요. 하지만 **달도 차면 기울듯이** 강력했던 원나라도 신하들 사이의 다툼과 경제의 혼란으로 점점 힘이 약해졌어요. 그러다 결국 봉기가 일어나 중국 북쪽으로 쫓겨났답니다.

- **달도 차면 기운다** 달이 점점 차올라 둥글어졌다가 다시 작아지는 것처럼, 모든 일이 한창 잘된 후에는 그 정도가 줄어들기 마련이라는 말이에요.

달리는 말 위에서 활을 쏘는 몽골 병사

몽골의 병사들은 말 위에서 안정적으로 활을 쏠 정도로 활쏘기 능력이 뛰어났어요. 또 움직임이 편하고 가벼운 갑옷을 입어 빠르게 이동할 수 있었어요.

오늘의 날짜　　　월　　　일

1
세부 내용

칭기즈 칸이라는 이름의 뜻을 알맞게 이해한 어린이는 누구인가요?　　　(　　　　)

① 질투심이 많은 왕을 말해.

② 위대하고 강력한 왕을 뜻해.

③ 속이 좁고 몸이 약한 왕을 뜻하지.

2
내용 추론

밑줄 친 ⓐ, ⓑ 인물의 공통점으로 알맞은 것은 무엇인가요?　　　(　　　　)

① 수도를 옮겼어요.

② 땅을 계속 넓혀 나갔어요.

③ 고려와 일본까지 공격했어요.

3
어휘 표현

밑줄 친 ㉠과 뜻이 비슷한 말로 알맞은 것은 무엇인가요?　　　(　　　　)

① 콧대가 높다: 잘난 체하며 우쭐거리다.

② 사족을 못 쓰다: 너무 좋아서 어쩔 줄 모르다.

③ 직성이 풀리다: 바라던 바가 뜻대로 이루어져 마음이 편하다.

4
내용 요약

이 글을 읽고 다음 내용을 일어난 순서대로 알맞게 기호를 쓰세요.

(개) 송나라가 중국을 통일했어요.

(내) 칭기즈 칸이 전쟁을 치르며 땅을 넓혀 갔어요.

(대) 쿠빌라이 칸이 나라 이름을 원나라로 바꾸었어요.

(　　　　) ➡ (　　　　) ➡ (　　　　)

🍵 오늘의 **한** 문장 정리

_____ 은 몽골 부족을 통일하고 거대한 제국을 세웠고, 이후 쿠빌라이 칸은 중국 전체를 다스렸어요.

5일차
백과사전

세계를 벌벌 떨게 한 몽골 제국의 힘

🏠 에듀윌백과사전   ×   +

← → C   https://encyeduwill.com/Mongol_Empire

e 에듀윌백과사전   몽골 제국   🔍   ☰

⟨ ㉠ ⟩

칭기즈 칸이 몽골 부족을 통일하며 시작된 몽골 제국의 발전은 쿠빌라이 칸 때 이르러 최고 전성기를 맞이했어요. 그럼 중국 북쪽에서 흩어져 살던 몽골 부족이 동아시아에서 유럽에 이르는 거대한 제국을 만들 수 있었던 **비결**은 무엇일까요?

🔺 칭기즈 칸   🔺 쿠빌라이 칸

뛰어난 기동력과 전투력

몽골군은 **기마병** 한 명이 여러 마리의 말을 끌고 다니며 말이 힘들어할 때마다 바꾸어 탈 수 있었고, 움직임이 편하고 가벼운 갑옷을 입어 기동력이 뛰어났어요. 또 기마병에 맞는 작은 활과 화약을 이용한 무기를 사용했고, 달리는 말 위에서 몸을 완전히 비틀고 화살을 쏠 수 있을 정도로 뛰어난 전투력을 갖추었어요.

🔺 몽골군의 갑옷   🔺 몽골의 기마병

정복한 지역 주민들의 활용

몽골 제국은 그들이 다른 나라를 정복하는 데 도움을 준 사람들에게 잘 대해 주었어요. 특히 지리와 정보에 밝은 이슬람 사람들의 도움을 받아 세계 곳곳의 정보를 얻거나 돈을 잘 관리했어요. 그래서 이슬람 사람들을 몽골 사람 다음으로 **우대했어요**. 반대로 몽골 제국의 지배를 거부하는 사람들은 가혹하게 탄압했어요.

- **비결** 세상에 알려지지 않은 자기만의 뛰어난 방법을 말해요.
- **기동력** 상황에 따라 재빠르게 움직여 잘 대비하는 능력을 말해요.
- **기마병** 말을 타고 싸우는 병사를 말해요.
- **우대하다** 특별히 잘 대해 주는 것을 말해요.

2주

1 ㉠에 들어갈 제목으로 알맞은 것은 무엇인가요?   (   )

① 몽골이 고려를 침입한 까닭

② 몽골 제국이 원나라로 이름을 바꾼 까닭

③ 몽골이 거대한 제국을 만들 수 있었던 까닭

2 몽골군이 이동을 하거나 전투를 할 때 이용한 동물을 골라 ○표 하세요.

말	소	양

3 이 백과사전의 내용으로 맞으면 ○표, 틀리면 ×표 하세요.

⑴ 몽골군은 기동력이 뛰어났어요.   (   )

⑵ 쿠빌라이 칸은 몽골 부족을 통일했어요.   (   )

⑶ 몽골 제국은 이슬람 사람들의 도움으로 세계 곳곳의 정보를 얻었어요.   (   )

4 이 백과사전을 읽고 보인 반응으로 알맞지 <u>않은</u> 것은 무엇인가요?   (   )

① 경수: 몽골군은 화약을 이용한 무기도 사용했어.

② 찬미: 몽골군은 가벼운 갑옷을 입어서 움직임이 편했을 것 같아.

③ 명기: 몽골 제국은 몽골의 지배를 거부하는 사람들도 잘 대해 주었어.

1 밑줄 친 말의 뜻을 알맞게 줄로 이으세요.

무함마드는 이슬람교를 <u>창시했어요</u>. •	• 종교나 학문 등을 처음으로 시작하다.
카니슈카왕은 아소카왕처럼 백성들에게 불교를 <u>권했어요</u>. •	• 어떤 것에 대하여 좋은 감정을 느끼다.
칭기즈 칸은 자신에게 <u>복종한</u> 부족들을 평등하게 대했어요. •	• 어떤 것을 완전히 자기 것으로 만들다.
<u>달도 차면 기울듯이</u> 강력했던 원나라의 힘도 점점 약해졌어요. •	• 다른 사람의 명령이나 의견을 그대로 따르다.
일본의 지방 세력들은 <u>마음에 드는</u> 사람을 지도자로 만들려고 싸웠어요. •	• 어떤 사람에게 좋다고 여겨지는 일을 하도록 하다.
다리우스 1세는 여러 지역을 <u>손에 넣으며</u> 페르시아 제국의 전성기를 이끌었어요. •	• 모든 일이 한창 잘된 후에는 그 정도가 줄어들기 마련이다.

2주

2 밑줄 친 말과 뜻이 비슷한 낱말을 〈보기〉에서 찾아 빈칸에 쓰세요.

─〈 보기 〉─

너그럽다   대단하다   지원하다   억압하다   등골이 서늘하다

(1) 무함마드의 말에 메카 귀족들은 **등골이 오싹해졌어요.**   _____

몹시 무섭거나 추워서 몸이 움츠러들거나 소름이 끼치다.

(2) 키루스 2세는 정복한 곳의 주민들에게 **관대한** 정책을 폈어요.   _____

죄나 실수를 용서해 줄 정도로 마음이 크다.

(3) '칭기즈 칸'이라는 이름은 '**위대하고** 강력한 왕'이라는 뜻이에요.   _____

뛰어나고 훌륭하다.

(4) 몽골 제국은 그들의 지배를 거부하는 사람들을 가혹하게 **탄압했어요.**   _____

힘으로 억지로 눌러 꼼짝 못하게 하다.

(5) 쇼토쿠 태자는 자신을 **뒷받침해** 줄 관리들이 필요하다고 생각했어요.   _____

뒤에서 응원하고 도와주다.

3 다음 문장의 밑줄 친 말을 바르게 고쳐 빈칸에 쓰세요.

(1) 아소카왕은 칼링가 왕국을 **괴씸하게** 생각했어요.   _____

(2) 다리우스 1세는 페르시아 제국의 혼란을 **잠제웠어요.**   _____

(3) 아소카왕에게 칼링가 왕국은 **눈에가시** 같은 나라였어요.   _____

(4) 백제와 고구려에서 **압다투어** 일본에 스님과 학자 등을 보냈어요.   _____

(5) 아시리아의 아슈르바니팔은 정복지의 백성들을 **짓밟는** 정책을 폈어요.   _____

바다로 가는 길 찾기

물개가 바다로 가려고 해요. 바다에 도착할 수 있게 알맞은 길을 찾아 줄을 그어요.

숨은그림찾기

🌿 아래 상자 안의 그림들이 큰 그림에 숨어 있어요. 숨은 그림들을 찾아 ◯표 하세요.

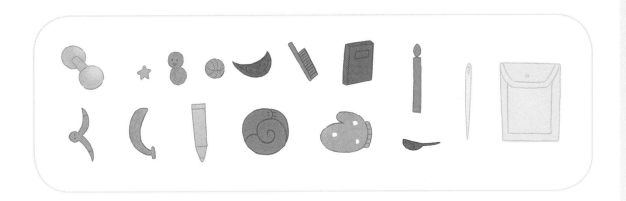

3주

1일
고대 그리스 정치가

기원전 6~5세기경
클레이스테네스와 페리클레스가
아테네의 민주 정치를 이끌었어요.

2일
고대 그리스 철학자

기원전 5~4세기경
소크라테스와 플라톤이
그리스의 철학을 발전시켰어요.

기원
(예수가 태어난 해)

| 기원전 2000년 | 기원전 1000년 | 기원후 1000년 | 기원후 2000년 |

* 예수가 태어난 해를 기준으로
  그 전을 '기원전', 그 후를 '기원후'라고 해요.
  '기원후'는 따로 표시하지 않아요.

기원전 800년경
그리스에 폴리스가
생겨났어요.

기원전 753년
이탈리아에 로마가
세워졌어요.

연표를 따라가며 3주차에 만날
고대 유럽의 주요 인물을 살펴보세요.

3일

알렉산드로스

기원전 334년

알렉산드로스가 동방으로
원정을 시작했어요.

4일

로마의 정치가

기원전 43년

카이사르에 이어 옥타비아누스가
로마를 이끌었어요.

5일

로마 제국의 황제

330년

콘스탄티누스가 수도를
콘스탄티노폴리스로 옮겼어요.

기원전 27년

로마에서 황제 시대가
시작되었어요.

1일차 글

아테네의 민주 정치를 발전시킨 인물은 누구일까요?

세계 인물 발자취

○ **기원전 800년경** 그리스, 폴리스 형성

○ **기원전 753년** 로마 건국

○ **기원전 6~5세기경** 클레이스테네스와 페리클레스, 아테네 민주 정치 주도

클레이스테네스

페리클레스

○ **기원전 5~4세기경** 소크라테스와 플라톤, 그리스 철학 발전 주도

1문단 아주 먼 옛날, 그리스는 '폴리스'라고 불리는 수백 개의 작은 나라들로 나누어져 있었어요. 그리스 사람들은 나라는 달라도 같은 말을 썼고, 한데 모여 신에게 제사를 지낸 후 달리기, 마차 경주 등을 하며 우정을 다졌어요. 이 폴리스들 중에서 가장 유명한 나라가 바로 아테네와 스파르타였어요.

2문단 아테네에서는 처음에 일부 귀족들만 나랏일에 참여할 수 있었어요. 그러다 무역의 발전과 함께 아테네의 정치도 변화를 맞이했어요.

"우리 상인들이 무역으로 번 돈을 세금으로 많이 내니, 앞으로는 우리도 나랏일에 대한 의견을 말해야 하지 않겠소."

이러한 목소리로 아테네에서는 재산이 많은 일부 평민들도 정치에 참여할 수 있게 되었어요. 그러던 중 **클레이스테네스**라는 인물이 나타나 이 기준이 **공평하지** 않다고 주장하며 재산의 많고 적음에 따라 정치에 참여하는 제도를 없애 버렸어요. 그리고 클레이스테네스는 **독재자**가 나타나는 것을 막을 방법은 도편 ⑤ 라고 말했지요. ⓒ이 제도는 도자기 조각(도편)에 독재자가 될 위험이 있는 인물의 이름을 적어서, 가장 많은 표를 얻은 사람을 나라 밖으로 미리 10년 동안 **추방하는** 제도였어요. 도편 추방제를 실시한 아테네의 민주 정치는 평화롭고 안정적으로 발전했답니다.

3문단 시간이 흘러, **페리클레스**가 아테네를 이끌게 되었어요. 그는 귀족 몇몇의 말보다 시민 모두가 참여한 **민회**의 말을 더 중요하게 생각했어요. 그래서 나라의 중요한 일을 민회에서 토론과 투표로 결정하게 했어요. 페리클레스 덕분에 아테네의 민주 정치는 황금기를 맞이했고, 모든 그리스 성인 남자가 민회에 참여하게 되었어요. 하지만 정치에 아예 참여할 수 없었던 여자, 노예, 외국인은 이 모습을 그저 바라볼 수밖에 없었답니다.

○ **도편 추방제**

◁ 도편

- **공평하다** 한쪽으로 치우치지 않고 모든 사람에게 고른 것을 말해요.
- **독재자** 한 나라의 권력을 모두 차지하고 자기 마음대로 휘두르는 사람을 말해요.
- **추방하다** 해를 끼친다고 여겨 일정한 지역이나 나라 밖으로 쫓아내는 것을 말해요.
- **민회** 그리스에서 일정한 때마다 시민들이 참여하여 나랏일을 의논한 회의 기구예요.

오늘의 날짜   월   일

1
세부 내용

㉠에 들어갈 알맞은 말은 무엇인가요?   (   )

① 방지제   ② 참여제   ③ 추방제

2
어휘 표현

밑줄 친 ㉡과 어울리는 사자성어로 알맞은 것은 무엇인가요?   (   )

① 다다익선: 많으면 많을수록 좋다.

② 유비무환: 미리 준비를 해 놓으면 걱정할 것이 없다.

③ 개과천선: 잘못이나 못된 마음을 고쳐 올바르고 착해지다.

3
내용 추론

클레이스테네스가 도자기 조각을 이용한 제도를 실시한 까닭은 무엇인가요?   (   )

① 독재자가 나타나는 것을 막기 위해서

② 도자기를 다른 나라에 더 많이 팔기 위해서

③ 재산이 많은 사람을 나라 밖으로 추방하기 위해서

4
내용 요약

이 글의 내용을 요약했어요. 빈칸에 들어갈 알맞은 말을 찾아 쓰세요.

아테네 ─ (❶)
- 재산의 정도에 따른 정치 참여 기준을 없앰.
- 독재자가 나타나는 것을 막기 위한 제도를 실시함.

페리클레스
- 나라의 중요한 일을 민회에서 결정하게 함.
- 모든 성인 남자가 (❷)에 참여하게 됨.

❶ _____   ❷ _____

😊 오늘의 **한** 문장 정리

그리스의 폴리스 중 _____ 는 클레이스테네스와 페리클레스를 거치면서 민주 정치가 발전했어요.

1일차
온라인 게시글

지문분석 동영상강의

도자기 조각에 쓰인 민주 정치

🏠 에듀윌지식인   ×   +

← → C   https://kin.eduwill.net/democracy_of_Athens   ☆

e 에듀윌지식인   아테네의 민주 정치   🔍   ☰

[㉠]

스크랩   공유   더보기

9시간 전 · 이름 비공개 · 53번 조회

　얼마 전에 책을 읽다가 고대 그리스의 아테네에 도편 추방제라는 제도가 있었다는 걸 알았어요. 클레이스테네스라는 인물이 실시하자고 처음 말했다던데 자세한 내용을 알려 주세요!

답변 7개   채택순   좋아요순   최신순

문해력은나야나님의 답변입니다.

지식서포터즈 / 세계사 / 답변왕 / 월간 Top10

　아주 먼 옛날 그리스의 아테네에 **불법**으로 권력을 잡은 사람이 나타났는데, 시민들은 그를 '참주'라고 불렀어요. 참주는 "내가 곧 법이니, 누구든 나를 따라야 해!"라고 말하면서 독재 정치를 펼쳤지요. 화가 난 시민들은 참주를 몰아내려고 했고, 그러던 중 클레이스테네스라는 사람이 독재자가 나타나는 것을 막기 위해 '도편 추방제'를 실시하자고 말했어요. 도편 추방제는 독재자인 참주가 될 위험이 있는 인물의 이름을 도자기 조각(도편)에 적어 투표한 후, 가장 많은 표를 얻은 사람을 아테네 밖으로 10년 동안 쫓아내는 제도였어요. 6,000명 이상의 사람이 투표를 해야 인정된다는 이야기도 있고, 6,000표 이상을 받은 사람에게만 적용된다는 이야기도 있어요. 그래서 구체적으로 어떤 과정을 **거쳤는지**는 확실하게 알 수 없어요.

　시민들은 이 제도에 대환영을 했지요. 이렇게 아테네에서는 시민들이 정치에 참여하는 민주주의가 **뿌리내렸고**, 이후 페리클레스 때 더욱 큰 발전을 이루었답니다.

💬 댓글 0   ❤ 좋아요 5

- **불법** 법에 어긋나는 것을 말해요.
- **거치다** 어떤 과정이나 단계를 겪거나 밟는 것을 말해요.
- **뿌리내리다** 생각이나 제도 등이 깊고 튼튼히 자리를 잡는 것을 말해요.

1 ㉠에 들어갈 제목으로 알맞은 것은 무엇인가요?   (   )

① 도편 추방제는 무엇인가요?

② 아테네는 왜 도자기를 만들었나요?

③ 클레이스테네스는 왜 독재자가 되었나요?

2 다음 빈칸에 들어갈 알맞은 말을 이 게시글에서 찾아 쓰세요.

> 아테네에서는 불법으로 권력을 잡은 사람을 _____(이)라고 불렀어요.

3 도편 추방제를 실시하자고 했던 인물을 골라 ○표 하세요.

솔론	페리클레스	클레이스테네스

4 이 게시글의 내용으로 맞으면 ○표, 틀리면 ×표 하세요.

(1) 아테네에서는 독재 정치를 펼친 사람이 있었어요.   (   )

(2) 도편 추방제는 도자기 조각을 이용한 제도였어요.   (   )

(3) 도편 추방제로 가장 적은 표를 받은 사람이 아테네 밖으로 쫓겨났어요.   (   )

그리스를 대표하는 철학자는 누구일까요?

지문분석 동영상강의

2일차 글

세계 인물 발자취

○ **기원전 800년경** 그리스, 폴리스 형성

○ **기원전 753년** 로마 건국

○ **기원전 5~4세기경** 소크라테스와 플라톤, 그리스 철학 발전 주도

소크라테스

플라톤

○ **기원전 334년** 알렉산드로스, 동방 원정 시작

1 문단 '철학'이라는 말을 들어본 적 있나요? 철학은 좁게는 사람에서부터 넓게는 지구 밖 우주에 이르기까지, 모든 것에 궁금증을 품고 그 답을 생각해 보는 일이에요. 여러분이 학교에서 선생님께 질문하거나, 집에서 부모님께 질문하는 일도 모두 철학이에요.

2 문단 아주 먼 옛날, 그리스 사람들은 철학을 굉장히 좋아했어요. 그래서 뛰어난 철학자였던 **소크라테스**가 아테네의 유명 인사가 되었어요. 그는 사람들이 ㉠붐비는 거리에 나와 아무나 붙잡고 질문을 던졌어요.

"우정은 과연 무엇일까요?"

"친하게 지내면서 모든 것을 함께하는 거예요!"

"그렇죠. 그런데 친구와 함께할 수 있는 것에는 좋은 것만 있을까요?"

그는 사람들이 귀찮아할 정도로 질문을 **쏟아** 냈어요. 그 과정에서 상대방은 문득 자기 생각의 잘못된 점을 깨달았지요. 이처럼 소크라테스는 지식을 직접 가르친 것이 아니라 상대방 스스로 그 지식을 깨닫도록 **이끌어** 주었어요.

3 문단 이런 소크라테스를 존경하고 사랑한 인물이 있었으니, 바로 그의 제자 **플라톤**이었어요. 플라톤은 우리가 살고 있는 '현실' 세상 뒤에는 **변함없이** 아름다운 '진짜' 세상이 있다고 믿었어요. 예를 들어, 여러분이 와플 만드는 틀로 와플을 만든다고 생각해 볼게요. 와플을 만들다 보면 어떤 와플은 많이 타서 색이 변하고 부스러지기도 할 거예요. 하지만 와플 만드는 틀은 변함없이 자신의 형태를 유지하고 있겠죠. 플라톤이 이 모습을 봤다면 와플이 '현실' 세상이고 와플 만드는 틀이 '진짜' 세상이니, 와플보다 더 아름다운 것은 바로 와플 만드는 틀이라고 얘기했을 거예요. '진짜'를 알기 위해 노력한 철학자 플라톤은 '아카데메이아'라는 학교를 세워 제자를 기르는 데에도 힘썼답니다.

◉ 소크라테스의 동상

소크라테스는 정치가로 활동하다가 신을 믿지 않았다는 이유로 죽임을 당했어요.

• **쏟다** 마음속에 품고 있는 생각이나 말을 밖으로 드러내는 것을 말해요.

• **이끌다** 어떤 상태가 되게 하거나 어떤 행동을 하게 하는 것을 말해요.

• **변함없다** 달라지지 않고 항상 같은 것을 말해요.

오늘의날짜   월   일

1

어휘 표현

밑줄 친 ㉠과 뜻이 비슷한 말로 알맞은 것은 무엇인가요?   (   )

① 한산하다: 사람이 별로 없어서 조용하다.

② 여유롭다: 시간이나 돈 등이 넉넉하여 남다.

③ 북적이다: 많은 사람이 한곳에 모여 매우 시끄럽게 떠들다.

2

세부 내용

이 글의 내용으로 맞으면 ○표, 틀리면 ✕표 하세요.

(1) 소크라테스는 플라톤의 제자예요.   (   )

(2) 소크라테스는 지식을 직접 가르쳤어요.   (   )

(3) 철학은 모든 것에 궁금증을 품고 그 답을 생각해 보는 일이에요.   (   )

3

내용 추론

플라톤이 세상을 바라봤던 생각에 따라 다음 내용을 알맞게 줄로 이으세요.

'진짜' 세상   ·

·
🔺 와플

'현실' 세상   ·

·
🔺 와플 만드는 틀

4

세부 내용

다음 빈칸에 들어갈 알맞은 말을 이 글에서 찾아 쓰세요.

플라톤은 _____ (이)라는 학교를 세워 제자를 기르는 데 힘썼어요.

😀 오늘의 **한** 문장 정리

소크라테스와 그의 제자인 플라톤은 그리스의 대표적인 _____ 예요.

2일차
온라인 전시회

지문분석 동영상강의

그리스의 3대 철학자

QR코드를 찍어 그리스 철학자에 대해 알아보아요.

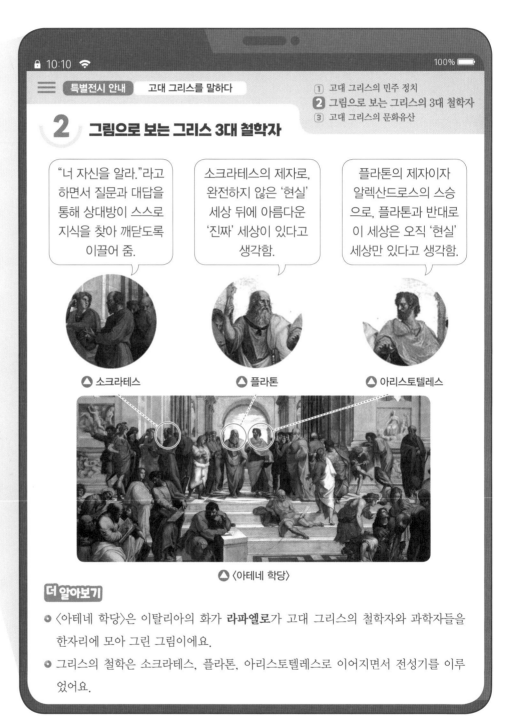

🔒 10:10 📶   100% 🔋

☰ 특별전시 안내 | 고대 그리스를 말하다

① 고대 그리스의 민주 정치
② 그림으로 보는 그리스의 3대 철학자
③ 고대 그리스의 문화유산

2 그림으로 보는 그리스 3대 철학자

"너 자신을 알라."라고 하면서 질문과 대답을 통해 상대방이 스스로 지식을 찾아 깨닫도록 이끌어 줌.

소크라테스의 제자로, 완전하지 않은 '현실' 세상 뒤에 아름다운 '진짜' 세상이 있다고 생각함.

플라톤의 제자이자 알렉산드로스의 스승으로, 플라톤과 반대로 이 세상은 오직 '현실' 세상만 있다고 생각함.

🔺 소크라테스   🔺 플라톤   🔺 아리스토텔레스

🔺 〈아테네 학당〉

더 알아보기

● 〈아테네 학당〉은 이탈리아의 화가 **라파엘로**가 고대 그리스의 철학자와 과학자들을 한자리에 모아 그린 그림이에요.

● 그리스의 철학은 소크라테스, 플라톤, 아리스토텔레스로 이어지면서 전성기를 이루었어요.

• 라파엘로 레오나르도 다빈치, 미켈란젤로와 함께 이탈리아 르네상스를 이끈 대표 화가예요.

1 다음과 같이 말한 인물은 누구인가요?   (   )

너 자신을 알라.

① 플라톤
② 소크라테스
③ 아리스토텔레스

3주

2 이 전시의 내용으로 맞으면 ○표, 틀리면 ×표 하세요.

⑴ 플라톤은 오직 '현실' 세상만 있다고 생각했어요.   (   )

⑵ 아리스토텔레스는 '현실' 세상 뒤에 '진짜' 세상이 있다고 생각했어요.   (   )

⑶ 소크라테스는 질문과 대답을 통해 상대방이 스스로 지식을 깨닫게 했어요. (   )

3 플라톤의 제자를 골라 ○표 하세요.

소크라테스   알렉산드로스   아리스토텔레스

4 다음 빈칸에 들어갈 알맞은 나라를 이 전시에서 찾아 쓰세요.

_____의 철학은 소크라테스, 플라톤, 아리스토텔레스로 이어지면서 전성기를 이루었어요.

3일차 글

동양과 서양을 잇는 거대한 제국을 만든 인물은 누구일까요?

○ **알렉산드로스**

○ **현재 알렉산드리아 도서관의 모습(이집트)**

1 문단 평화롭던 그리스 세계에 페르시아 제국이 침입했어요. 그리스의 폴리스들은 아테네를 중심으로 똘똘 뭉쳐 페르시아에 승리했지요. 하지만 아테네의 지도자는 승리에 기뻐하는 사람들을 보며 또 다른 불안감에 **휩싸였어요**.

'페르시아 놈들이 언제 다시 쳐들어올지 몰라.'

이런 불안감이 퍼져 있던 그리스 세계는 아테네를 중심으로 동맹을 맺었어요. 그런데 아테네가 이 동맹을 이용해 **야금야금** 힘을 키우자, 스파르타가 불만을 품고 아테네와 전쟁을 일으켰어요. 이 전쟁은 스파르타를 중심으로 뭉친 폴리스들의 승리로 끝났지만, 그 누구도 완벽히 이겼다고 할 수 없었지요. 왜냐하면 오랜 전쟁으로 그리스 세계의 힘이 약해져 버렸거든요.

2 문단 아테네와 스파르타가 싸우는 동안, 북쪽에서는 마케도니아가 힘을 키우고 있었어요. 때가 되자, 마케도니아의 왕 **알렉산드로스**는 동쪽으로 나아가겠다는 자신의 계획을 거침없이 실행했어요. 먼저 힘이 약해진 그리스를 정복한 후, 페르시아 제국까지 **손쉽게** 차지했어요. 한때 강했던 나라들이 모두 그에게 ㉠항복했지요. 알렉산드로스는 거기서 멈추지 않고 중앙아시아를 **가로질렀어요**. 인도에 다다르자 한 장군이 알렉산드로스에게 다가왔어요.

"왕이시여. 병사들이 너무 지쳐 있습니다. 이제 그만 돌아가시죠."

그제야 상황을 알게 된 알렉산드로스는 말을 돌려 페르시아로 돌아갔어요. 비록 인도 땅을 정복하지는 못했지만 동서양을 잇는 거대한 제국이 만들어졌어요.

3 문단 전쟁을 멈춘 알렉산드로스는 나랏일을 돌보았어요. 그는 자신이 차지한 드넓은 땅에 살고 있는 사람들의 전통과 문화를 존중했어요. 그리고 나라 곳곳에 자신의 이름을 딴 '알렉산드리아'라는 도시를 세워 그리스 사람들을 옮겨 살게 하면서, 그들을 통해 그리스 문화를 여러 지역에 퍼뜨렸답니다.

- **휩싸이다** 어떤 감정이 마음에 가득하게 되는 것을 말해요.
- **야금야금** 남 모르게 조금씩 행동하는 모양을 표현한 말이에요.
- **손쉽다** 어떤 것을 하거나 다루는 것이 어렵지 않다는 말이에요.
- **가로지르다** 어떤 곳의 가운데를 지나가는 것을 말해요.

1 각 문단의 내용이 잘못 짝 지어진 것은 무엇인가요?   (   )

중심 내용

① **1 문단** – 아테네와 스파르타 사이의 전쟁에서 아테네가 승리했어요.

② **2 문단** – 알렉산드로스는 그리스를 정복한 후 인도까지 갔어요.

③ **3 문단** – 알렉산드로스는 전쟁을 멈추고 나랏일을 돌보았어요.

3주

2 밑줄 친 ㉠과 뜻이 비슷한 말로 알맞은 것은 무엇인가요?   (   )

어휘 표현

① 무릎을 꿇다: 강한 세력의 힘에 눌려 따르게 되다.

② 무릎을 맞대다: 공통의 관심사에 대해 의견을 주고받다.

③ 무릎을 치다: 놀랍고 기쁜 일이 생기거나 좋은 생각이 떠오르다.

3 알렉산드로스에 대한 설명으로 알맞지 <u>않은</u> 것은 무엇인가요?   (   )

세부 내용

① 스파르타의 왕이에요.

② 페르시아 제국을 차지했어요.

③ 그리스 문화를 여러 지역에 퍼뜨렸어요.

4 다음 (   ) 안에 들어갈 알맞은 말을 골라 ○표 하세요.

세부 내용

> 알렉산드로스는 나라 곳곳에 자신의 이름을 딴 (**알렉산드리아** , **콘스탄티노폴리스**)
> 라는 도시를 세워 그리스 사람들을 옮겨 살게 했어요.

😊 오늘의 **한** 문장 정리

_____ 의 왕 알렉산드로스는 그리스와 페르시아 제국 등을 차지하여 동서양을
잇는 거대한 제국을 만들었어요.

제국을 다스리기 위한 알렉산드로스의 방법

🏠 에듀윌백과사전   ✕   +

← → C   https://encyeduwill.com/Alexandros   ☆

e 에듀윌백과사전   알렉산드로스   🔍

알렉산드로스의   ㉠

정복한 지역의 제도와 문화를 존중하다

알렉산드로스는 유럽, 아프리카, 아시아에 이르는 거대한 제국을 건설했어요. 제국을 잘 다스리기 위해서는 무엇보다 문화와 역사가 다른 민족들이 섞이도록 하는 게 중요했어요. 그래서 알렉산드로스는 자신이 먼저 페르시아 제국 귀족의 딸과 결혼하는 **모범**을 보였어요. 또한 페르시아 제국의 여러 제도를 받아들여 나라를 다스렸고, 왕에게 무릎을 꿇는 페르시아 제국의 예절을 따랐어요. 그리고 페르시아 방식으로 만든 왕관을 쓰고 옷을 입어 왕의 신비로운 **위엄**을 강조했어요. 이뿐만 아니라 정복한 지역의 주민을 관리로 삼아 나랏일을 맡기기도 했답니다.

🔺 〈알렉산드로스와 그의 아내 록사네〉

알렉산드리아를 중심으로 그리스 문화를 널리 전하다

◀ 알렉산드리아 도서관의 모습을 상상해서 그린 그림

알렉산드로스는 정복한 지역 곳곳에 자신의 이름을 딴 '알렉산드리아'라는 도시를 세웠어요. 그리고 그 도시를 신전, 체육관, 극장 등을 갖춘 그리스의 도시와 비슷한 모습을 띠도록 꾸몄어요. 또한 모든 사람이 그리스어를 사용하도록 했지요. 알렉산드로스가 그리스 사람들을 알렉산드리아로 옮겨와 살게 한 덕분에 그리스 문화와 정복한 지역의 문화가 합쳐진 새로운 문화가 만들어질 수 있었어요.

• 모범 본받아 배울 만한 행동이나 그러한 행동을 하는 사람을 말해요.
• 위엄 존경할 만한 지위가 있어 우러나오는 진지한 태도나 분위기를 말해요.

오늘의 날짜   월   일

1 ㉠에 들어갈 알맞은 말은 무엇인가요?   (   )

① 저항   ② 정책   ③ 죽음

2 알렉산드로스에 대해 알맞게 말한 어린이는 누구인가요?   (   )

① 왕에게 무릎을 꿇지 못하게 했어.

② 페르시아 방식으로 만든 왕관을 썼어.

③ 정복한 지역의 주민은 관리로 삼지 않았어.

3 다음 빈칸에 들어갈 알맞은 나라는 어디인가요?   (   )

> 알렉산드로스는 정복한 지역 곳곳에 자신의 이름을 딴 도시를 세웠고, 도시를 체육 관, 극장 등을 갖춘 ＿＿＿＿＿＿＿＿ 의 도시와 비슷한 모습을 띠도록 꾸몄어요.

① 로마   ② 중국   ③ 그리스   ④ 페르시아

4 이 백과사전의 내용으로 맞으면 ○표, 틀리면 ×표 하세요.

(1) 알렉산드로스는 '알렉산드리아'라는 도시를 세웠어요.   (   )

(2) 알렉산드로스로 인해 새로운 문화가 만들어질 수 있었어요.   (   )

(3) 알렉산드로스는 페르시아 제국의 제도를 아무것도 받아들이지 않았어요. (   )

지문분석 동영상강의

4일차
글

로마의 권력을 하나로 만든 인물은 누구일까요?

세계 인물 발자취

○ **기원전 48년** 카이사르 집권

카이사르

○ **기원전 43년** 로마, 제2차 삼두 정치 시작

○ **기원전 27년** 로마, 황제 시대 시작

옥타비아누스

● **96~180년** 로마 제국 전성기 (5현제 시대)

● **375년** 게르만족, 대이동 시작

🅠 로마의 원로원

🔺 **원로원의 회의 모습**

로마가 세워질 때부터 있었다고 알려진 기관이에요. 처음에는 일부 귀족만 참여할 수 있었지만 점차 평민들도 참여하게 되었지요.

1 문단 이탈리아의 수도 로마가 '로마'라는 나라였다는 사실을 알고 있었나요? 거대한 나라로 알려진 로마는 처음에는 매우 작은 나라에 **불과했어요**. 주변 나라와 전쟁을 치르며 점점 커지던 로마, 그 로마를 **폼페이우스**, **크라수스**, ⓐ**카이사르**의 3명이 힘을 합쳐 다스리기 시작했어요. 그중 카이사르는 로마 시민에게 높은 인기를 얻었어요.

2 문단 🅠원로원의 귀족들은 카이사르가 로마를 혼자 차지하게 될까 봐 두려웠어요. 그래서 폼페이우스를 이용해 카이사르를 없애 버리려고 했지요.

"폼페이우스, ⟨_____ ㉠ _____⟩"

이 말에 **눈이 뒤집힌** 폼페이우스는 카이사르가 로마를 배신했다는 거짓 소문을 퍼트렸고, 이 소문은 카이사르에게까지 전해졌어요. 화가 난 카이사르는 폼페이우스는 물론, 이 일을 꾸민 원로원의 귀족들까지 모두 죽이려고 군대를 이끌고 나섰어요. 그러자 겁에 질린 폼페이우스는 **꽁무니가 빠지게** 이집트로 도망쳤고, 결국 귀족들도 카이사르에게 무릎을 꿇고 항복했어요. 이후 카이사르는 이집트 **클레오파트라**의 도움으로 폼페이우스를 제거했어요.

3 문단 로마의 최고 권력자였던 카이사르가 죽자, ⓑ**옥타비아누스**가 그의 뒤를 이었어요. 옥타비아누스는 **안토니우스**, **레피두스**와 함께 로마를 다스렸는데, 카이사르만큼 많은 사람에게 인기가 높았지요. 어느 날, 안토니우스가 클레오파트라의 아름다움에 빠져 그녀에게 로마의 땅까지 떼어 주는 일이 일어났어요. 한 명이 마음대로 로마의 땅을 다른 나라에 줬으니 당연히 다른 지도자는 화가 났겠죠? 옥타비아누스는 그 길로 군대를 이끌고 이집트로 가 안토니우스와 전투를 벌여 승리를 거두었어요. 이후 옥타비아누스는 사실상 황제 역할을 하는 '로마의 1인자'가 되었답니다.

• **불과하다** 어떤 양이나 수준밖에 되지 않는 상태를 말해요.
• **눈이 뒤집히다** 올바른 판단을 하지 못할 정도로 어떤 일에 집착하는 것을 말해요.
• **꽁무니가 빠지게** 매우 빨리 도망치거나 달아나는 모습을 말해요.

오늘의날짜　　　월　　　일

1
세부 내용

㉠에 들어갈 알맞은 말은 무엇인가요?　　　　　　(　　)

① 카이사르를 도와 이집트를 공격해야 합니다.

② 옥타비아누스가 카이사르의 뒤를 잇게 해야 합니다.

③ 카이사르가 없으면 당신이 로마의 최고 권력자가 될 수 있습니다.

2
내용 추론

밑줄 친 ⓐ, ⓑ 인물의 공통점으로 알맞은 것은 무엇인가요?　　　　　　(　　)

① 안토니우스와 전투를 벌였어요.

② 많은 로마 시민에게 인기가 높았어요.

③ 클레오파트라에게 로마의 땅을 떼어 주었어요.

3
세부 내용

이 글의 내용으로 알맞은 것은 무엇인가요?　　　　　　(　　)

① 레피두스는 카이사르의 뒤를 이었어요.

② 카이사르는 폼페이우스에게 죽임을 당했어요.

③ 안토니우스는 옥타비아누스와의 전쟁에서 승리했어요.

④ 폼페이우스는 카이사르에 대한 거짓 소문을 퍼트렸어요.

4
내용 요약

이 글의 내용을 요약했어요. 빈칸에 들어갈 알맞은 말을 찾아 쓰세요.

제1차 삼두 정치	폼페이우스, 크라수스, (❶)의 3명이 로마를 함께 다스림.

⬇

제2차 삼두 정치	옥타비아누스, (❷), 레피두스의 3명이 로마를 함께 다스림.

⬇

황제 시대	옥타비아누스가 사실상 황제 역할을 하는 '로마의 1인자'가 됨.

❶ _____　　　❷ _____

🤖 오늘의 **한** 문장 정리

카이사르의 뒤를 이은 _____ 는 로마를 다스리던 경쟁자들을 물리치고 '로마의 1인자'가 되었어요.

로마를 둘러싼 사랑과 경쟁 이야기

01 사랑에 빠진 로마의 권력자 카이사르

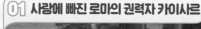

클레오파트라와 사랑에 빠진 카이사르는
그녀를 이집트의 왕으로 만들어 주었어요.

02 암살당하는 카이사르

카이사르가 그를 싫어하는 세력에 의해
죽임을 당했어요.

03 클레오파트라를 사랑한 안토니우스

시간이 흘러 안토니우스가 클레오파트
라와 사랑에 빠져 그녀에게 그만 로마의
땅까지 주었어요.

04 안토니우스에게 화난 옥타비아누스

옥타비아누스는 자신의 누나와 결혼한
안토니우스가 클레오파트라를 만났고, 로마
땅까지 주었다는 소식을 듣고 분노했어요.

05 안토니우스와 옥타비아누스의 전투

옥타비아누스는 로마군을 이끌고 그리
스 앞바다에서 안토니우스가 이끈 이집트
군과 전투를 벌여 승리했어요.

06 안토니우스와 클레오파트라의 최후

옥타비아누스와의 전투에서 진 안토니
우스는 죽음을 맞이했어요. 클레오파트라
도 그의 뒤를 따라 세상을 떠났어요.

1 클레오파트라와 사랑에 빠진 인물을 모두 골라 ○표 하세요.

| 카이사르 | 크라수스 | 안토니우스 | 옥타비아누스 |

2 이 카드뉴스의 내용으로 맞으면 ○표, 틀리면 ×표 하세요.

(1) 카이사르는 스스로 목숨을 끊었어요.   (   )

(2) 안토니우스는 옥타비아누스의 누나와 결혼했어요.   (   )

(3) 카이사르가 클레오파트라를 이집트의 왕으로 만들어 주었어요.   (   )

3 안토니우스가 이끈 이집트군과 전투를 벌여 승리한 인물은 누구인가요?   (   )

① 카이사르   ② 폼페이우스   ③ 옥타비아누스

4 이 카드뉴스를 읽고 다음 내용을 일어난 순서대로 알맞게 기호를 쓰세요.

> ㈎ 안토니우스와 클레오파트라가 죽음을 맞이했어요.
>
> ㈏ 안토니우스가 클레오파트라에게 로마 땅을 주었어요.
>
> ㈐ 옥타비아누스가 안토니우스의 소식을 듣고 분노했어요.
>
> ㈑ 옥타비아누스가 로마군을 이끌고 바다에서 안토니우스의 이집트군과 전투를 벌였어요.

(   ) ➡ (   ) ➡ (   ) ➡ (   )

로마 제국을 대표하는 황제는 누구일까요?

세계 인물 발자취

- 기원전 27년 로마, 황제 시대 시작
- 96~180년 로마 제국 전성기 (5현제 시대)
- 235~284년 로마 제국 암흑기 (군인 황제 시대)
- 330년 콘스탄티누스, 콘스탄티노폴리스로 천도

콘스탄티누스

- 375년 게르만족, 대이동 시작

1문단 ⚲**옥타비아누스**는 **안토니우스**가 이끈 이집트군을 물리치고 **위풍당당**하게 로마로 돌아왔어요. 원로원의 귀족들은 그에게 이렇게 말했어요.

"옥타비아누스여, 우리 로마를 지켜 낸 당신에게 '**존엄한** 사람'이라는 뜻의 '**아우구스투스**'라는 새로운 이름을 드리겠습니다."

이렇게 옥타비아누스는 사실상 로마 제국의 첫 번째 황제이자, '로마의 1인자'가 되었어요. 이때부터 시작된 로마 제국의 발전은 **네르바**를 포함한 어질고 현명한 5명의 황제가 다스리던 때를 거치면서 최고의 전성기를 누렸답니다. 그래서 이 시기를 '로마의 평화'라고 불러요. 이때의 로마 제국은 **사방팔방**으로 넓은 도로가 이어져 있어 많은 물건과 사람이 오고 갔어요.

2문단 그러나 아름다운 꽃도 시간이 흐르면 시들 듯이, 거대한 제국으로 발전하던 로마에도 점점 여러 문제가 나타났어요. 군인들은 자기 마음대로 황제를 바꾸었고, 시민들은 엄청난 세금에 ㉠시달렸어요. 게다가 게르만족 등 다른 민족이 침입하여 로마 제국을 위협했지요. 이때 이 혼란을 잠재운 황제가 나타났으니, 바로 ⚲**콘스탄티누스**였어요. 그는 로마 제국의 잘못된 점을 하나씩 고쳐 나갔어요. 그리고 이전까지 황제의 힘을 위협한다는 이유로 심한 탄압을 받았던 크리스트교를 공식적인 종교로 인정했지요.

"종교의 자유를 허락하겠다. 크리스트교를 로마 제국의 종교로 인정한다."

콘스탄티누스가 로마 제국을 다시 일으키기 위해 노력했지만 로마 제국은 결국 동쪽의 동로마 제국과 서쪽의 서로마 제국으로 쪼개져 버렸어요. 오늘날 한반도가 남한과 북한으로 나누어져 있듯이 말이에요. 이후 서로마 제국은 게르만족 출신의 군인에게 멸망했지만 동로마 제국(비잔티움 제국)은 그 이후로도 1000여 년 동안 나라가 유지되었어요.

⚲ 옥타비아누스와 콘스탄티누스

🔺 옥타비아누스

🔺 콘스탄티누스

- **위풍당당** 겉모양이나 기운이 당차고 대단한 것을 말해요.
- **존엄하다** 어떤 사람이나 신분이 매우 높고 존경스러운 것을 말해요.
- **사방팔방** 모든 방향을 말해요.

1

세부 내용

다음 빈칸에 들어갈 알맞은 말을 이 글에서 찾아 쓰세요.

> 원로원의 귀족들은 옥타비아누스에게 '존엄한 사람'이라는 뜻의 _____
> (이)라는 새로운 이름을 주었어요.

2

어휘 표현

밑줄 친 ㉠과 뜻이 비슷한 말로 알맞은 것은 무엇인가요?   (   )

① 들볶이다: 까다로운 요구에 괴롭힘을 당하다.

② 누리다: 좋거나 행복한 상황을 마음껏 계속 즐기다.

③ 잠재우다: 어떤 현상이나 생각 등을 조용하게 하거나 숨기게 하다.

3

세부 내용

이 글에서 다음과 같이 말한 인물은 누구인가요?   (   )

> "크리스트교를 로마 제국의 종교로 인정한다."

① 네르바   ② 옥타비아누스   ③ 콘스탄티누스

4

내용 요약

이 글을 읽고 다음 내용을 일어난 순서대로 알맞게 기호를 쓰세요.

> ㈎ 로마 제국이 동쪽과 서쪽으로 쪼개지게 되었어요.
> ㈏ 콘스탄티누스는 로마 제국을 다시 일으키기 위해 노력했어요.
> ㈐ 옥타비아누스가 사실상 로마 제국의 첫 번째 황제가 되었어요.

(   ) ➡ (   ) ➡ (   )

 오늘의 **한** 문장 정리

> 옥타비아누스는 '로마의 1인자'가 되면서 로마의 황제 시대를 열었고, _____ 는
> 로마 제국을 다시 일으키기 위해 노력했어요.

5일차 인터뷰

지문분석 동영상강의

로마 제국의 발전을 이끈 두 황제

오늘의 인터뷰 ▶▶ 옥타비아누스와 콘스탄티누스를 만나다

EDUWILL NEWS

진행자 오늘은 로마 제국의 발전을 이끈 두 황제를 모시고 이야기를 나눠 보겠습니다.

옥타비아누스 저는 안토니우스와의 전투를 승리로 이끈 후 사실상 로마의 첫 번째 황제 역할을 해냈어요. '로마의 1인자'가 되었던 거죠.

진행자 그래서 스스로 '존엄한 사람'이라는 뜻의 '아우구스투스'로 이름을 바꾸신 건가요?

옥타비아누스 그럴리가요. 저는 **겸손한** 사람이에요. 그 이름은 원로원의 귀족들이 **붙여** 준 것이에요.

진행자 그렇군요. 로마의 발전을 이루어 내신 만큼 정말 멋진 이름인 것 같습니다.

옥타비아누스 고맙습니다. 저뿐만 아니라 네르바 등 5명의 현명한 황제가 있었기 때문에 '로마의 평화'라고 불리는 전성기를 맞이할 수 있었다고 생각합니다.

진행자 그에 반해 콘스탄티누스 황제께서는 좋지 않은 상황에서 황제가 되신 걸로 아는데요?

콘스탄티누스 말도 마세요. 로마 제국이 정말 어려운 시기에 황제가 되었기 때문에 고생이 **이만저만**이 아니었어요.

진행자 그 어려운 상황에서도 크리스트교를 공식적인 종교로 인정하신 까닭은 무엇인가요?

콘스탄티누스 많은 로마 시민이 크리스트교를 믿었기 때문에 시민들의 마음을 하나로 모으기 위해 크리스트교를 종교로 인정해 주었죠. 이 밖에도 수도를 콘스탄티노폴리스로 옮기는 등 여러 노력을 했어요.

진행자 네, 그러나 결국 로마 제국이 동쪽과 서쪽으로 나누어졌기 때문에 두 분의 마음도 좋지 않으셨을 것 같네요. 인터뷰 감사합니다.

- **겸손하다** 다른 사람을 존중하고 자기를 낮추는 마음이나 태도가 있는 것을 말해요.
- **붙이다** 이름이나 제목을 정하는 것을 말해요.
- **이만저만** 상황 등을 짐작하거나 다스릴 수 있을 정도를 말해요.

1 아우구스투스로 이름이 바뀐 인물을 골라 ○표 하세요.

네르바   옥타비아누스   콘스탄티누스

3주

2 이 인터뷰의 내용으로 알맞지 <u>않은</u> 것은 무엇인가요?   (   )

① 아우구스투스는 '존엄한 사람'이라는 뜻이에요.
② 옥타비아누스는 사실상 로마의 첫 번째 황제 역할을 했어요.
③ 콘스탄티누스는 '로마의 평화'라고 불리는 로마의 전성기에 황제가 되었어요.

3 콘스탄티누스가 크리스트교를 공식적인 종교로 인정한 까닭은 무엇인가요?   (   )

① 로마를 동쪽과 서쪽으로 나누기 위해서
② 안토니우스와의 전투에서 승리하기 위해서
③ 로마 시민들의 마음을 하나로 모으기 위해서

4 다음 빈칸에 들어갈 알맞은 말을 이 인터뷰에서 찾아 쓰세요.

콘스탄티누스는 수도를 _____ (으)로 옮겼어요.

1~5일 지문에서 나온 중요 어휘를 정리해 보세요.

1 밑줄 친 말의 뜻을 알맞게 줄로 이으세요.

알렉산드로스는 페르시아 제국을 <u>손쉽게</u> 차지했어요.	어떤 곳의 가운데를 지나가다.
알렉산드로스는 중앙아시아를 <u>가로질러</u> 인도까지 갔어요.	어떤 과정이나 단계를 겪거나 밟다.
도편 추방제가 정확히 어떤 과정을 <u>거쳤는지</u> 전해지지 않아요.	어떤 감정이 마음에 가득하게 되다.
옥타비아누스는 안토니우스를 물리치고 <u>위풍당당</u>하게 돌아왔어요.	매우 빨리 도망치거나 달아나는 모습
폼페이우스는 카이사르를 피해 <u>꽁무니가 빠지게</u> 이집트로 도망쳤어요.	겉모양이나 기운이 당차고 대단한 것
아테네의 지도자는 페르시아 사람들이 쳐들어올지도 모른다는 불안감에 <u>휩싸였어요.</u>	어떤 것을 하거나 다루는 것이 어렵지 않다.

2 밑줄 친 말과 뜻이 비슷한 낱말을 〈보기〉에서 찾아 빈칸에 쓰세요.

〈 보기 〉

| 끌다 | 모범 | 귀하다 | 눈이 멀다 | 뿌리내리다 |

(1) 옥타비아누스는 '존엄한 사람'을 뜻하는 이름을 받았어요.   _____
　　　　 어떤 사람이나 신분이 매우 높고 존경스럽다.

(2) 소크라테스는 상대방 스스로 지식을 깨닫도록 이끌어 주었어요.   _____
　　　　　　　　　　　　 어떤 상태가 되게 하거나 어떤 행동을 하게 하다.

(3) 도편 추방제는 아테네에 민주주의가 정착하는 데 큰 역할을 했어요.   _____
　　　　　　　　　　　　 새로운 문화 등이 당연한 것으로 사회에 받아들여지다.

(4) 알렉산드로스는 페르시아 귀족의 딸과 결혼하는 본보기를 보였어요.   _____
　　　　　　　　　　　　　　　 보고 배워서 본받을 만한 대상

(5) 폼페이우스는 권력에 눈이 뒤집혀 카이사르에 대한 거짓 소문을 냈어요.   _____
　　　　　 올바른 판단을 하지 못할 정도로 어떤 일에 집착하다.

3 다음 (   ) 안에 들어갈 알맞은 말을 골라 ○표 하세요.

(1) 로마는 처음에는 매우 작은 나라에 (**불가했어요** , **불과했어요**).

(2) 소크라테스는 사람들이 귀찮아할 정도로 질문을 (**쏟아** , **쏮아**) 냈어요.

(3) 원로원의 귀족들은 옥타비아누스에게 '아우구스투스'라는 이름을 (**붙여** , **붙혀**) 주었어요.

(4) 알렉산드로스는 페르시아 방식으로 만든 왕관을 써 신비로운 (**의엄** , **위엄**)을 강조했어요.

(5) 그리스에서는 투표를 통해 독재자가 될 만한 사람을 나라 밖으로 (**쫓아냈어요** , **좇아냈어요**).

4주

1일

게르만족

375년

게르만족이 로마 땅으로
대규모 이동을 시작했어요.

2일

**유스티니아누스
황제**

527년

유스티니아누스 황제가 비잔티움
제국을 다스리기 시작했어요.

395년

로마 제국이 동서로
나누어졌어요.

481년

게르만족이 프랑크
왕국을 세웠어요.

연표를 따라가며 **4주차**에 만날 **중세 유럽**과
서아시아의 주요 인물을 살펴보세요.

3일

카롤루스 대제

800년

카롤루스 대제가 교황으로부터
서로마 황제의 관을 받았어요.

4일

교황과 황제의
대립

1077년

황제가 교황에게 무릎을 꿇은
카노사의 굴욕이 일어났어요.

5일

세계를 누빈
여행가

1274년

마르코 폴로가 원나라에 가서
쿠빌라이 칸을 만났어요.

1096년

십자군 전쟁이
시작되었어요.

1일차 글

자문분석 동영상강의

게르만족은 왜 로마 땅으로 이동했을까요?

세계 인물 발자취

● 375년 게르만족, 대이동 시작

게르만족

● 395년 로마 제국, 동서로 분열

● 476년 서로마 제국 멸망

● 481년 프랑크 왕국 건국

● 527년 동로마 제국(비잔티움 제국), 유스티니아누스 황제 즉위

1문단 동쪽과 서쪽으로 쪼개진 로마 사회는 혼란스러웠어요. 그런데 로마 제국에 더욱 큰일이 일어났어요. 바로 북쪽에서 **게르만족**이 내려오기 시작한 거예요. 게르만족은 원래 유럽 북쪽에서 소나 양을 기르며 살고 있었어요. 그러던 중 ㉠아시아에서 사납고 잔인하기로 소문난 훈족이 쳐들어와 그들에게 살 곳을 빼앗겼고, 다른 지역으로 옮겨 가야 하는 상황에 놓이게 되었어요.

'이 기회에 살기 좋다고 소문난 로마 땅으로 가자.'

로마 땅으로 내려온 게르만족은 곳곳에 나라를 세웠어요. 이 과정에서 서로마 제국 황제가 게르만족 출신의 군인에게 쫓겨나면서 서로마 제국이 멸망했어요. 이 땅에 게르만족이 세운 대부분의 나라는 얼마 가지 못하고 사라졌는데, 프랑크 왕국만은 달랐어요. 프랑크 왕국은 로마 사람들이 믿고 있던 크리스트교로 일찍 종교를 바꾼 덕분에 로마 교회의 지지를 받아 발전할 수 있었던 것이에요. 하지만 이후 프랑크 왕국도 3개의 나라로 나누어졌어요.

2문단 프랑크 왕국이 힘을 잃어갈 때, 유럽은 다른 민족들의 침입으로 큰 혼란에 빠졌어요. 이때 재산이 많은 사람들은 이렇게 생각했어요.

'내 목숨과 재산은 스스로 지켜야만 해. 힘을 키워서 기사가 될 거야.'

이러한 생각이 번져 힘이 강한 기사는 주군(주)이 되고, 약한 기사는 봉신(종)이 되는 주종 관계가 만들어졌어요. 주종 관계는 '서로에게 **의무**를 지킨다.'는 **계약**으로 이루어졌지요. 즉, 어느 한쪽이 의무를 다하지 않으면 그 계약은 언제든지 깨질 수 있었던 것이에요. 봉신은 주군으로부터 '장원'이라고 불린 땅을 받아 영주(주인)로서 그곳을 다스렸어요. 이렇게 유럽에서는 주종 관계와 장원제를 바탕으로 하는 **봉건 사회**가 자리잡았답니다.

♀ 주종 관계

기사들은 자기보다 강한 기사를 주군으로 섬기고 충성으로 따를 것을 맹세했으며, 주군은 그 기사에게 땅을 주어 봉신으로 삼았어요. 이들은 주종 관계를 맺은 서로의 의무를 잘 지킬 것을 약속했답니다.

• **의무** 마땅히 해야 할 일을 말해요.
• **계약** 돈을 주고받는 거래에서 서로 지켜야 할 의무를 종이에 적어 약속하는 것을 말해요.
• **봉건 사회** 중세 시대에 군주가 자신의 땅을 사람들에게 주어 농사를 짓게 한 후, 생산된 농산물을 거두어들이는 구조를 바탕으로 한 사회를 말해요.

오늘의 날짜   월   일

4주

1

내용 추론

게르만족이 로마 땅으로 이동한 까닭으로 알맞은 것은 무엇인가요?   (   )

① 훈족에게 살 곳을 빼앗겼기 때문에

② 크리스트교를 받아들여야 했기 때문에

③ 서로마 제국의 황제가 명령했기 때문에

2

어휘 표현

밑줄 친 ㉠과 어울리는 속담으로 알맞은 것은 무엇인가요?   (   )

① 마른하늘에 날벼락: 뜻하지 않은 상황에서 불행한 일을 당하다.

② 가재는 게 편: 상황이 비슷한 사람끼리 서로 돕거나 편을 들어주다.

③ 굴러온 돌이 박힌 돌 뺀다: 갓 들어온 사람이 오래전부터 있던 사람을 내몰다.

3

세부 내용

프랑크 왕국에 대해 알맞게 이해한 어린이는 누구인가요?   (   )

① 훈족이 세운 나라야.

② 5개의 나라로 나누어졌어.

③ 크리스트교를 받아들였어.

4

세부 내용

다음 (   ) 안에 들어갈 알맞은 말을 골라 ○표 하세요.

> 중세 유럽은 힘이 강한 기사는 주군이 되고, 약한 기사는 봉신이 되는 주종 관계와 봉신이 주군으로부터 땅을 받아 다스리는 (노예제 , 장원제)를 바탕으로 하는 봉건 사회가 자리잡았어요.

 오늘의 **한** 문장 정리

_____ 이 세운 프랑크 왕국이 3개의 나라로 나누어진 후 유럽에서는 봉건 사회가 자리잡았어요.

1일차
온라인
전시회

중세 유럽 생활의 이모저모

QR코드를 찍어
중세 봉건 사회에 대해
알아보아요.

🔒 10:10 📶   100% 🔋

☰ 특별전시 안내 중세 봉건 사회를 엿보다

① 게르만족의 이동
② 주종 관계의 뜻
③ 장원과 농노의 생활

③ 장원과 농노의 생활

중세 봉건 사회에서 봉신은 장원을 다스렸으며, 농노를 관리하는 영주였어요. 농노는 사는 곳을 마음대로 옮길 수 없었고, 영주의 땅(장원)에서 농사를 지으면서 많은 세금을 내야 했어요. 하지만 아주 작은 땅이나 가축 등의 재산을 조금 가질 수 있었고, 결혼하여 가족을 만들 수도 있었어요.

● 장원의 모습과 생활

영주는 평상시에 전투 훈련을 하거나 잔치를 벌임.

비료가 발달하지 않아 여러 땅에 번갈아 농사를 지음.

농노는 방앗간 등을 이용하고 영주에게 돈을 냄.

농노는 일주일에 3일 정도 영주의 땅에서 농사를 지음.

┌─────────────┐
│   ㉠   │
└─────────────┘

프랑크 왕국에서는 농노가 1년 12달을 어떻게 생활해야 하는지 가르치기 위해 사계절에 각각 다음과 같은 이름을 지어 일하게 했어요.

🔺 밭 갈기(봄) 🔺 양털 깎기(여름) 🔺 포도 따기(가을) 🔺 장작 패기(겨울)

• 갈다 농기구로 논밭의 땅을 파서 뒤집는 일을 말해요.
• 장작 통나무를 길게 쪼개어 불을 피우는 땔감으로 사용하는 나무를 말해요.

1 다음 빈칸에 들어갈 알맞은 말을 이 전시에서 찾아 쓰세요.

> 중세 봉건 사회에서 봉신은 장원을 다스렸으며, 농노를 관리하는 _____
> 였어요.

2 농노에 대해 알맞게 이해한 어린이는 누구인가요?   (   )

① 세찬: 재산을 조금도 가질 수 없었어.

② 재석: 결혼하여 가족을 만들 수 없었어.

③ 미주: 사는 곳을 마음대로 옮길 수 있었어.

④ 원영: 영주의 땅에서 농사를 지으면서 세금을 내야 했어.

3 ㉠에 들어갈 알맞은 제목을 골라 ○표 하세요.

장원의 해체	농노의 사계절	기사가 되는 과정

4 이 전시의 내용으로 맞으면 ○표, 틀리면 ×표 하세요.

(1) 농노는 평상시에 전투 훈련을 하거나 잔치를 벌였어요.   (   )

(2) 농노는 일주일에 3일 정도 영주의 땅에서 농사를 지었어요.   (   )

(3) 프랑크 왕국에서는 농노가 1년을 어떻게 생활해야 하는지 가르쳤어요.   (   )

2일차 글

비잔티움 제국의 전성기를 이끈 황제는 누구일까요?

세계 인물 발자취

- 395년 로마 제국, 동서로 분열
- 476년 서로마 제국 멸망

게르만족

- 481년 프랑크 왕국 건국
- 527년 비잔티움 제국, 유스티니아누스 황제 즉위

유스티니아누스 황제

1 문단 로마 제국이 동쪽과 서쪽으로 쪼개진 지 얼마 되지 않아 서로마 제국은 역사 속으로 사라졌어요. 하지만 동로마 제국은 흔들리지 않았어요. 로마의 문화와 전통을 잘 **간직한** 채 오랫동안 나라를 이어 갔지요. 특히 비잔티움이라고도 불린 수도 콘스탄티노폴리스는 유럽과 아시아를 잇는 무역의 중심지로 발전했어요. 그래서 동로마 제국을 '비잔티움 제국'이라고도 불러요. 이러한 비잔티움 제국의 최고 전성기를 이끈 인물이 바로 **유스티니아누스 황제**예요.

"⬚⬚⬚⬚⬚⬚⬚⬚⬚⬚⬚⬚ ㉠ ⬚⬚⬚⬚⬚⬚⬚⬚⬚⬚⬚⬚"

큰 뜻을 품은 유스티니아누스 황제는 자신의 계획을 실행해 나갔어요.

2 문단 유스티니아누스 황제는 가장 먼저 게르만족에게 빼앗긴 옛 서로마 제국의 땅을 되찾기 위해 전쟁을 벌였어요. 땅은 많이 되찾았지만, 계속되는 전쟁으로 수많은 사람이 죽거나 다쳤어요. 게다가 건물이 무너지고 농사지을 땅이 망가져 도시 곳곳이 **폐허**가 되었지요. 유스티니아누스 황제는 집과 건물을 다시 지었고, 불타 없어진 교회를 다시 세웠어요. 그렇게 비잔티움 제국은 옛 로마의 전성기 때 모습을 하나둘 **회복해** 갔답니다.

3 문단 어느 날, 유스티니아누스 황제는 비잔티움 제국의 학자들을 한자리에 모아 놓고 이렇게 명령했어요.

"여러 법을 참고해 나라를 안정시킬 수 있는 법을 만들어라."

학자들은 옛 로마의 법은 물론, 여러 나라의 법을 참고해서 새로운 법을 만들었는데, 이 법이 바로 《유스티니아누스 법전》이에요. 유스티니아누스 황제는 강력한 법으로 나라를 다스리며, 누구도 넘볼 수 없는 절대적인 황제의 권력을 유지하려고 했어요. 이후 《유스티니아누스 법전》은 유럽 사회에 널리 전해져 많은 나라에서 법을 만들 때 큰 영향을 주었답니다.

📍 유스티니아누스 황제

- **간직하다** 기억이나 추억 등을 마음속에 깊이 지니는 것을 말해요.
- **폐허** 건물 등이 부서져 못 쓰게 된 터를 말해요.
- **회복하다** 잃었던 것을 되찾거나 나빠졌던 것을 원래의 상태로 돌이키는 것을 말해요.

오늘의날짜   월   일

1
세부 내용

다음 빈칸에 들어갈 알맞은 말을 이 글에서 찾아 쓰세요.

> 비잔티움이라고도 불린 수도 콘스탄티노폴리스가 무역의 중심지로 크게 발전했기 때문에 동로마 제국은 _____(이)라고도 불려요.

2
내용 추론

㉠에 들어갈 알맞은 말은 무엇인가요?   (   )

① 나는 게르만족에게 땅을 나누어 줄 것이다.
② 옛 로마의 위대한 영광을 내가 되찾을 것이다.
③ 나는 크리스트교를 종교로 인정하지 않을 것이다.

3
세부 내용

《유스티니아누스 법전》에 대한 설명으로 맞으면 ○표, 틀리면 ×표 하세요.

(1) 유럽 사회에 널리 전해졌어요.   (   )
(2) 옛 로마의 법은 참고하지 않았어요.   (   )
(3) 여러 나라의 법을 참고해서 만들었어요.   (   )

4
내용 요약

각 문단의 내용을 찾아 알맞게 기호를 쓰세요.

> ㈎ 유스티니아누스 황제가 《유스티니아누스 법전》을 만들었어요.
> ㈏ 유스티니아누스 황제가 옛 전성기 때 로마의 모습을 회복해 갔어요.
> ㈐ 비잔티움 제국의 최고 전성기를 이끈 인물은 유스티니아누스 황제예요.

1 문단 (   ) ➡ 2 문단 (   ) ➡ 3 문단 (   )

 오늘의 **한** 문장 정리

비잔티움 제국의 전성기를 이끈 _____ 황제는 《유스티니아누스 법전》을 만들었어요.

2일차 백과사전

지문분석 동영상강의

로마의 빛을 되찾으려 한 황제

🏠 에듀윌백과사전   ×   +

← → C   https://encyeduwill.com/Justinianus

e 에듀윌백과사전   유스티니아누스 황제 🔍

유스티니아누스 황제의 업적

● [㉠   ] 를 발전시키다

비잔티움 제국의 수도 콘스탄티노폴리스는 다른 민족의 침입을 막아 내는 유럽의 방패 역할을 했어요. 주변이 바다로 둘러싸여 다른 민족의 침입을 막는 데 유리했기 때문이에요. 게다가 유럽과 아시아를 연결하는 도로가 만나는 곳에 있었기 때문에 무역의 중심지로도 성장했어요. 유스티니아누스 황제는 콘스탄티노폴리스를 정비하고 도시의 중심부에 거대한 돔과 화려한 모자이크 벽화가 있는 성 소피아 대성당을 만들었어요. 성 소피아 대성당은 비잔티움 제국이 만든 건축물 중 가장 뛰어나다는 평가를 받는 건축물로, 스페인의 한 성당이 만들어지기 전까지 세계에서 가장 큰 성당이었어요.

🔺 콘스탄티노폴리스의 모습을 상상해 그린 그림   🔺 성 소피아 대성당   🔺 성 소피아 대성당의 모자이크 벽화

● 황제이자 종교의 우두머리 역할을 하다

유스티니아누스 황제의 머리에는 밝은 빛이 있고, 손에는 교회에서 기도할 때 사용하는 빵 바구니가 있어요. 이를 통해 유스티니아누스 황제가 종교에서도 높은 권력을 가지고 있었음을 알 수 있어요.

유스티니아누스 황제가 ▶
그려진 모자이크 벽화

● 《유스티니아누스 법전》을 만들다

유스티니아누스 황제는 혼란한 나라를 법으로 엄격하게 다스리기 위해 여러 법전을 참고하여 《유스티니아누스 법전》을 만들었어요. 이 법은 유럽 여러 나라에 전해져 법을 만들 때 큰 영향을 주었어요.

1 ㉠에 들어갈 알맞은 말은 무엇인가요?   (   )

① 아테네   ② 알렉산드리아   ③ 콘스탄티노폴리스

2 비잔티움 제국의 수도에 대한 설명으로 알맞지 <u>않은</u> 것은 무엇인가요?   (   )

① 아시아의 방패 역할을 했어요.

② 성 소피아 대성당이 만들어졌어요.

③ 유럽과 아시아를 연결하는 무역의 중심지로 성장했어요.

3 이 백과사전의 내용으로 맞으면 ○표, 틀리면 ×표 하세요.

(1) 《유스티니아누스 법전》은 유럽 여러 나라에 전해졌어요.   (   )

(2) 성 소피아 대성당은 오늘날 세계에서 가장 큰 성당이에요.   (   )

(3) 유스티니아누스 황제는 종교에서도 높은 권력을 가지고 있었어요.   (   )

4 이 백과사전을 읽고 선생님의 물음에 알맞게 대답한 어린이는 누구인가요?   (   )

선생님

유스티니아누스 황제가
《유스티니아누스 법전》을
만든 까닭을 말해 볼까요?

① 다미: 로마 교황을 쫓아내고 싶었기 때문이에요.

② 해원: 법전을 만들어 다른 나라에 팔고 싶어 했지요.

③ 준호: 혼란한 나라를 법으로 다스리기 위해 만들었어요.

3일차 글

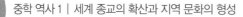

프랑크 왕국의 전성기를 이끈 왕은 누구일까요?

세계 인물 발자취

- 476년 서로마 제국 멸망
- 481년 프랑크 왕국 건국
- 527년 비잔티움 제국, 유스티니아누스 황제 즉위

유스티니아누스 황제

- 800년 카롤루스 대제, 서로마 황제 대관

카롤루스 대제

- 1077년 카노사의 굴욕

1문단 게르만족이 세운 나라, 프랑크 왕국은 크리스트교를 받아들이며 로마 문화에 빠르게 **녹아들었어요**. 발전을 거듭하던 프랑크 왕국에 큰 위기가 찾아왔는데, 바로 이슬람 세력이 거침없이 쳐들어왔던 것이에요. 있는 힘을 다해 그들을 막아 낸 프랑크 왕국은 크리스트교를 중심으로 한 유럽 세계를 보호하는 역할을 하며 많은 사람의 지지를 받았답니다.

2문단 한편 프랑크 왕국에 새로운 인물이 왕의 자리에 올랐어요. 이 왕은 다른 지역을 ㉠차지할 때마다 그 지역의 주민들에게 크리스트교를 **전파했어요**.

"이제부터 크리스트교를 믿는다면 편안한 생활을 하게 될 것이다."

이 새로운 왕이 바로 **카롤루스 대제**예요. 프랑크 왕국은 그의 노력으로 옛 서로마 제국이 차지했던 만큼 넓은 땅을 다스리게 되었고, 크리스트교를 바탕으로 나라의 힘을 키워 전성기를 맞이했지요. 카롤루스 대제의 활약은 로마 교회의 최고 지도자였던 교황 **레오 3세**를 기쁘게 만들었어요. 왜냐하면 당시 로마 교황은 비잔티움 제국 황제의 심한 **간섭**을 받고 있었는데, 이제 비잔티움 제국 황제와 맞설 수 있는 또 다른 황제가 나타났다고 생각했기 때문이에요.

3문단 어느 날, 카롤루스 대제는 성당에서 크리스마스를 축하하고 있었어요. 이때 로마 교황은 카롤루스 대제에게 화려한 보석이 박힌 관을 씌워 주었어요.

"당신은 우리 로마 백성을 지켜 줄 서로마 제국의 황제이십니다."

이는 게르만족이 세운 프랑크 왕국이 공식적으로 로마의 뒤를 잇는 나라임을 인정받은 것이고, 비잔티움 제국의 황제가 더 이상 유럽의 **유일한** 황제가 아니라는 것을 뜻했어요. 이 소식을 들은 비잔티움 제국의 황제는 이 세상의 황제는 오직 자신뿐이라며 크게 화를 냈지요. 그러나 결국 비잔티움 제국의 황제도 카롤루스 대제를 한 사람의 황제로 인정할 수밖에 없었답니다.

서로마 제국 황제의 관을 받는 카롤루스 대제

교황 레오 3세

카롤루스 대제

로마 교회와 프랑크 왕국이 친하게 지내며 서유럽의 크리스트교 세계는 비잔티움 제국과는 다른 길을 가게 되었어요.

- **녹아들다** 생각, 문화 등이 서로 자연스럽게 섞여 어우러지는 것을 말해요.
- **전파하다** 전하여 널리 퍼지게 하는 것을 말해요.
- **간섭** 남의 일에 참견하는 것을 말해요.
- **유일하다** 오직 하나만 있는 것을 뜻해요.

오늘의날짜   월   일

1
세부 내용

다음 밑줄 친 내용을 바르게 고쳐 쓰세요.

> 프랑크 왕국은 ___~~이슬람교~~___ 을/를 중심으로 한 유럽 세계를 보호하는 역할을 했어요.

✏️ _____

2
어휘 표현

밑줄 친 ㉠과 뜻이 비슷한 말로 알맞은 것은 무엇인가요?   (   )

① 후퇴하다: 앞으로 나아가지 못하고 뒤로 물러나다.

② 정복하다: 다른 민족이나 나라를 무력으로 쳐서 따르게 하다.

③ 항복하다: 적이나 상대편의 힘에 눌려 자신의 뜻을 굽히고 따르다.

3
세부 내용

카롤루스 대제에 대한 설명으로 알맞지 <u>않은</u> 것은 무엇인가요?   (   )

① 비잔티움 제국의 황제예요.

② 크리스트교를 바탕으로 나라의 힘을 키웠어요.

③ 로마 교황으로부터 서로마 제국 황제의 관을 받았어요.

4
내용 요약

이 글의 내용을 요약했어요. 빈칸에 들어갈 알맞은 말을 찾아 쓰세요.

| 프랑크 왕국 | 카롤루스 대제 | • (❶)을/를 전파하는 데 노력을 기울임.
• 옛 서로마 제국이 차지했던 만큼 넓은 땅을 다스림. |
| | | 공식적으로 프랑크 왕국이 (❷)의 뒤를 잇는 나라임을 인정받음. |

❶ _____   ❷ _____

 오늘의 **한** 문장 정리

> 프랑크 왕국의 카롤루스 대제는 로마 교황으로부터 _____ 황제의 관을 받았어요.

3일차 블로그

지문분석 동영상강의

★ ★ ★ ★ ★ ★
유럽의 아버지, 카롤루스 대제

🏠 역사부엉이의 블로그 ✕   ∨ — ⬜ ✕

← → ⟳ https://blog.history.com/history_owl   ☆

내 블로그 | 이웃 블로그 | 블로그 홈 | [로그인]

카롤루스 대제의 흔적을 찾아서

 역사부엉이   2○○○년 ○○월 ○○일 11:14   URL 복사

오늘은 유럽 사람들이 카롤루스 대제를 어떻게 기념하고 있는지 살펴보려고 해요. 지금의 서유럽 지역을 차지한 프랑크 왕국의 카롤루스 대제는 서유럽 문화의 바탕을 만드는 데 큰 역할을 했어요. 그래서 유럽의 여러 나라들은 카롤루스 대제를 '유럽의 아버지'라고 부르며, 그의 업적을 기념하고 있답니다. 카롤루스 대제의 이름을 프랑스어로 바꾸면 샤를마뉴 대제예요.

유럽 곳곳에는 카롤루스 대제의 동상이 세워져 있어요. 그리고 유럽의 나라들이 함께 여러 일을 처리하기 위해 만든 국제기구인 유럽 연합(EU) 건물의 이름은 그의 프랑스 이름을 따 '샤를마뉴 건물'이라 붙였어요. 또한 매년 유럽의 발전에 큰 역할을 한 인물에게 상을 주고 있는데, 이 상의 이름도 '샤를마뉴 상'이에요. 이번에는 어떤 인물이 상을 받을지 무척 궁금하네요.

역사부엉이
안녕하세요. 저는 한국사, 세계사 등 역사에 관심이 많은 초등학생이랍니다.

목록
📄 전체 보기(20)

📄 **재미있는 역사 이야기(9)**
⋮📄 한국사가 궁금해(4)
⋮📄 세계사가 궁금해(5) Ⓝ
📄 도전! 역사 퀴즈왕(11)
⋮📄 한국사 퀴즈(4)
⋮📄 세계사 퀴즈(7)

🔺 카롤루스 대제 청동상(독일)

🔺 샤를마뉴 건물(벨기에)

🔺 샤를마뉴 상 시상식 장소(독일)

댓글 2개

🆔 **무엇이든궁금이**   카롤루스 대제가 로마 교황 레오 3세로부터 서로마 제국 황제의 관을 받았다고 하던데, 거기에 담긴 뜻이 뭔가요?

👩 **역사부엉이**   프랑크 왕국이 공식적으로 로마의 뒤를 잇는 나라임을 인정받은 것이고, 비잔티움 제국의 황제가 더 이상 유럽의 유일한 황제가 아님을 뜻하는 일이었어요. 프랑크 왕국이 게르만족이 세운 나라임을 생각하면 정말 대단한 일이에요!

활동 정보
블로그 이웃 25명
글 보내기 3회
글 퍼오기 3회

---

1 다음 (   ) 안에 들어갈 알맞은 말을 골라 ○표 하세요.

> 프랑크 왕국의 카롤루스 대제는 (동유럽 , 서유럽) 문화의 바탕을 만드는 데 큰
> 역할을 했어요.

2 이 블로그의 내용으로 맞으면 ○표, 틀리면 ×표 하세요.

(1) 유럽의 여러 나라들은 카롤루스 대제의 업적을 기념하고 있어요.   (   )

(2) 샤를마뉴 상은 미국의 발전에 큰 역할을 한 인물에게 주는 상이에요.   (   )

3 다음 빈칸에 공통으로 들어갈 알맞은 말을 이 블로그에서 찾아 쓰세요.

> • 카롤루스 대제의 프랑스 이름은 _____ 대제예요.
> • 유럽 연합(EU) 건물의 이름은 카롤루스 대제의 프랑스 이름을 따 _____
> 건물이라 지어졌어요.

4 다음과 같은 일에 담긴 뜻으로 알맞지 <u>않은</u> 것은 무엇인가요?   (   )

당신은 우리 로마
백성을 지켜 줄
위대한 황제이십니다.
그러니 이 서로마 제국
황제의 관을 드립니다.

교황께 감사드립니다.

카롤루스 대제   로마 교황

① 카롤루스 대제에게 교황의 권력을 모두 넘겨주는 일을 뜻했어요.

② 프랑크 왕국이 공식적으로 로마의 뒤를 잇는 나라임을 인정받았어요.

③ 비잔티움 제국의 황제가 더 이상 유럽의 유일한 황제가 아님을 뜻했어요.

4일차

글

교황과 황제는 왜 싸웠을까요?

세계 인물 발자취

● 481년 프랑크 왕국 건국

● 1054년 동서 교회 분열

● 1077년 카노사의 굴욕

그레고리우스 7세

하인리히 4세

● 1096년 십자군 전쟁 시작

1 문단 프랑크 왕국의 지원과 보호를 받은 크리스트교는 점점 서유럽 사람들의 일상생활은 물론, 정신까지 지배하게 되었어요. 교회의 힘은 하늘 높은 줄 모르고 **치솟았고**, 재산 역시 창고가 터질 정도로 많아졌어요. 심지어 교황이 한 나라의 왕을 정하는 데까지 큰 영향을 끼쳤다고 해요.

2 문단 교회의 힘이 강해진다는 것은, 교회 안에서 일하는 **성직자**의 힘도 강해진다는 뜻이었어요. 그러자 성직자의 자리를 돈으로 사고파는 일이 많아졌어요. 이를 더 이상 두고 볼 수 없었던 몇몇 사람들은 썩어 버린 교회를 깨끗하게 만들어야 한다고 말했어요. 이때 가장 앞장서서 목소리를 낸 곳은 클뤼니 수도원이었어요. 클뤼니 수도원 출신이었던 로마 교황 **그레고리우스 7세**도 그들과 뜻을 같이하며 황제가 성직자를 정하는 일을 금지했어요.

" ㉠ "

그러자 신성 로마 제국의 황제 **하인리히 4세**는 교황의 말을 거부했어요.

"성직자는 오직 황제만이 정할 수 있다. 교황은 황제에게 용서를 빌어라."

화가 난 교황은 황제를 교회에서 **파문했어요**. 황제는 깜짝 놀랐지요. 당시 교회에서 파문을 당한다는 것은 곧 천국에 갈 수 없다는 뜻이었거든요.

3 문단 결국 황제는 교황을 만나려고 한겨울의 매서운 추위를 뚫고 교황이 있는 카노사성으로 갔어요. 그리고 황제는 눈보라가 몰아치는 카노사 성문 앞에서 무릎을 꿇고 두 손을 싹싹 빌며 용서를 구했지요.

"교황이시여, 죄송합니다. 제발 화를 푸시고 용서해 주십시오."

그렇게 3일 동안 밤낮으로 눈물을 흘리며 용서를 빌자, 그제야 교황은 황제를 용서해 주었어요. 이 사건이 바로 '카노사의 굴욕'이에요. 이 사건으로 황제는 교황에게 성직자를 정할 수 있는 권한을 넘겨주었어요. 이후 200여 년 동안 교황은 강력한 힘으로 서유럽 사회에 영향을 끼쳤답니다.

⦿ 카노사의 굴욕

클뤼니 수도원장

마틸다

하인리히 4세

하인리히 4세는 클뤼니 수도원장과 카노사성의 주인 마틸다 부인에게 교황과 화해하는 자리를 마련해 달라고 요청했어요. 카노사의 굴욕 이후 '교황은 태양이고, 황제는 달'이라는 말이 나올 정도로 교황의 힘은 더욱 강해졌어요.

- **치솟다** 감정이나 생각 등이 힘차게 오르는 것을 말해요.
- **성직자** 목사, 신부 등과 같이 종교적인 직업을 가진 사람을 말해요.
- **파문하다** 어떤 종교를 믿을 자격을 빼앗아 내쫓는 것을 말해요.

1 세부 내용

이 글의 내용으로 알맞지 <u>않은</u> 것은 무엇인가요?   (   )

① 하인리히 4세는 신성 로마 제국의 황제였어요.

② 하인리히 4세는 그레고리우스 7세를 교회에서 파문했어요.

③ 교회의 힘이 강해지자 성직자 자리를 사고파는 일이 많아졌어요.

2 세부 내용

다음 빈칸에 들어갈 알맞은 말을 이 글에서 찾아 쓰세요.

> 클뤼니 _____은/는 가장 앞장서서 썩어 버린 교회를 깨끗하게 만들
> 어야 한다는 목소리를 냈던 곳이에요.

4주

3 내용 추론

㉠에 들어갈 알맞은 말은 무엇인가요?   (   )

① 교황만이 성직자를 정할 수 있다.

② 황제만이 성직자를 정할 수 있다.

③ 교황은 절대 황제의 명령을 거부할 수 없다.

4 내용 요약

이 글의 내용을 요약했어요. 빈칸에 들어갈 알맞은 말을 찾아 쓰세요.

교황과 황제의 대립	( )	이후의 모습
성직자를 정하는 일을 둘러싸고 힘을 겨룸.	황제가 교황에게 무릎을 꿇고 용서를 구함.	교황의 힘은 강해지고, 황제의 힘은 약해짐.

🙂 오늘의 **한** 문장 정리

> 신성 로마 제국의 황제 _____가 교황에게 성직자를 정할 수 있는 권한을
> 넘겨주어 교황의 힘이 강해졌어요.

자문분석 동영상강의

4일차
웹툰

교황과 황제의 힘겨루기, 그 승자는?

⊙

• 폐위하다 황제나 왕, 왕비 등을 그 자리에서 몰아내는 것을 말해요.

1 ㉠에 들어갈 제목으로 알맞은 것은 무엇인가요?   (   )

① 교황, 카노사에서 굴욕을 당하다
② 황제, 카노사에서 굴욕을 당하다
③ 교황과 황제, 카노사에서 잔치를 벌이다

2 신성 로마 제국의 신하들이 다음과 같이 말한 까닭은 무엇인가요?   (   )

> "파문당한 황제보다는 교황의 말을 따르도록 하자고."

① 황제가 종교를 바꾼다고 생각해서
② 황제만 천국에 갈 수 있다고 생각해서
③ 황제를 따르다 천국에 가지 못할 수 있다고 생각해서

3 이 웹툰을 읽고 다음 내용을 일어난 순서대로 알맞게 기호를 쓰세요.

> ㈎ 교황이 황제를 교회에서 파문했어요.
> ㈏ 신하들이 파문당한 황제는 따를 수 없다고 했어요.
> ㈐ 황제가 교황을 만나려고 한겨울에 카노사성으로 향했어요.
> ㈑ 황제가 성문 앞에서 교황에게 무릎을 꿇고 용서를 빌었어요.

(   ) ➡ (   ) ➡ (   ) ➡ (   )

4 다음 빈칸에 들어갈 알맞은 말을 이 웹툰에서 찾아 쓰세요.

> 교황과 황제는 _____ 을/를 정하는 일을 두고 대립했어요. 신성 로마 제국의 하인리히 4세가 자신을 파문한 그레고리우스 7세에게 무릎을 꿇은 이 사건을 '카노사의 굴욕'이라고 해요.

4주

5일차 글

자문분석 동영상강의

세계를 누빈 이야기가 책으로 만들어진 여행가는 누구일까요?

세계 인물 발자취

- 1096년 십자군 전쟁 시작
- 1271년 중국 원나라 건국
- 1274년 마르코 폴로, 쿠빌라이 칸과 만남.

마르코 폴로

- 1325년 이븐 바투타, 메카로 출발

이븐 바투타

1문단 이탈리아의 상인 출신이었던 ⓐ**마르코 폴로**는 아버지와 함께 원나라로 여행을 떠났어요. 원나라까지 가는 길은 그야말로 **고생길**이었어요. 사막을 건너다 물이 부족해 목마름으로 고생했을뿐더러, 강도 무리를 만나고 사나운 동물에게 쫓겨 목숨이 위험하기도 했지요. 　⑤　 마르코 폴로 일행은 무사히 원나라에 도착할 수 있었어요. 이는 원나라의 잘 정리된 도로와 그 도로 중간중간에 사신이나 여행자들이 말을 쉬게 하고, 잠을 잘 수 있도록 만들어진 시설 덕분이었지요. 원나라의 황제 쿠빌라이 칸은 힘들게 도착한 마르코 폴로 일행을 반갑게 맞이해 주었고, 잔치를 열어 그들의 피곤함을 **달래** 주었어요. 그러던 어느 날, 쿠빌라이 칸은 마르코 폴로를 불렀어요.

"마르코 폴로여, 당신이 내 곁에서 나를 좀 도와주면 좋겠소."

이렇게 해서 마르코 폴로는 원나라의 관리로 여러 나라를 돌아다니며 일도 하고 여행도 하게 되었어요. 이후 이탈리아로 돌아온 마르코 폴로는 자신이 겪은 이야기를 **루스티첼로**에게 들려주었고, 이는 《동방견문록》이라는 책으로 만들어졌어요. 이 책은 동방에 대한 유럽 사람들의 호기심을 **불러일으켰답니다.**

2문단 한편, 이슬람교를 믿었던 ⓑ**이븐 바투타**는 이슬람교를 믿는 사람들이라면 평생에 꼭 한 번은 다녀와야 했던 메카라는 도시로 여행을 떠났어요.

'여행을 통해 새로운 것을 보고 배울 수 있으니 너무 즐겁구나.'

여행의 매력에 푹 빠진 이븐 바투타는 여행가가 되기로 결심했어요. 그는 무려 30년 동안 아시아는 물론, 아프리카와 유럽의 수많은 나라를 여행했어요. 50살이 다 되어서야 길고 긴 여행을 끝내고 고향으로 돌아갔지요. 이후 이븐 바투타의 여행 이야기는 《여행기》라는 책으로 만들어졌어요. 이 책에는 이븐 바투타가 여행하며 바라본 여러 나라의 모습이 자세히 기록되어 있답니다.

♀《동방견문록》

마르코 폴로가 세계를 여행한 이야기가 담긴 이 책은 유럽 사람들에게 중국을 소개하는 역할을 했어요.

- **고생길** 어렵고 힘든 일이나 생활을 말해요.
- **달래다** 다른 사람의 힘든 감정이나 신체의 고통을 가라앉게 하는 것을 말해요.
- **불러일으키다** 어떤 마음이나 행동, 사건을 일어나게 하는 것을 말해요.

1

세부 내용

이 글을 읽고 다음 내용을 알맞게 줄로 이으세요.

마르코 폴로의 여행 이야기 •		• 《여행기》
이븐 바투타의 여행 이야기 •		• 《동방견문록》

2

어휘 표현

㉠에 들어갈 알맞은 말은 무엇인가요?   (   )

① 그래서   ② 그리고   ③ 그럼에도   ④ 예를 들어

4주

3

내용 추론

밑줄 친 ⓐ, ⓑ 인물의 공통점으로 알맞은 것은 무엇인가요?   (   )

① 이슬람교를 믿었어요.

② 여러 나라를 여행했어요.

③ 이탈리아의 상인 출신이에요.

4

내용 요약

이 글의 내용을 요약했어요. 빈칸에 들어갈 알맞은 말을 찾아 쓰세요.

여행가

(❶)
- 아버지와 함께 원나라로 여행을 떠남.
- 원나라에서 관리로 일함.
- 여행 이야기가 책으로 만들어짐.

(❷)
- 메카로 여행을 떠남.
- 아시아, 아프리카, 유럽의 수많은 나라를 여행함.
- 여행 이야기가 책으로 만들어짐.

❶ _____   ❷ _____

오늘의 한 문장 정리

마르코 폴로와 이븐 바투타는 여러 나라를 돌아다닌 _____ 예요.

5일차 SNS

지문분석 동영상강의

두 여행가의 생생한 원나라 여행 이야기

eduwill   HD ...ll 📶 🔋 10:15

📷   **POST**   ✈

마르코 폴로(Polo)   ⋮

좋아요 124개

마르코 폴로(Polo) 원나라 황제 쿠빌라이 칸의 부탁으로 원나라에서 일한 지 벌써 17년이나 되었다. 원나라에는 대단한 것들이 많다. 수도인 대도 (베이징)로부터 여러 지역으로 많은 도로가 만들어져 있는데, 각 도로에는 모두 이름이 있다. 주요 도로에는 일정한 거리마다 사신이나 여행자들이 말을 쉬게 하고 잠을 잘 수 있는 '역참'이라는 시설을 **마련해** 놓기까지 했다. 외국인이 살기 편한 곳이지만, 그래도 이제 고향인 이탈리아로 돌아가 내가 겪은 이야기를 책으로 만들고 싶다.

#원나라 #쿠빌라이 칸 #가자 고향으로

🏠   🔍   ➕   ♡   👤

eduwill   HD ...ll 📶 🔋 12:30

📷   **POST**   ✈

이븐 바투타(Batuta)   ⋮

좋아요 72개

이븐 바투타(Batuta) 여행자에게 원나라는 여행하기 가장 안전하고 좋은 지역이다. 혼자 많은 돈을 가지고 긴 시간 동안 돌아다녀도 걱정할 것이 없다. 대부분의 ⟨ ㉠ ⟩들은 시설이 좋아서 편하게 쉴 수 있고, 관리자가 계속 지키고 있기 때문에 도둑이 들 **염려**도 없다. 메카로 첫 여행을 떠났던 게 어제 같은데, 벌써 원나라를 돌아봤다니…. 내가 오래 여행하긴 했나 보다. 이제 여행을 끝내고 고향으로 돌아가 기나긴 내 여행 이야기를 책으로 남기고 싶다.

#원나라 여행 #메카 여행 #여행 기록

🏠   🔍   ➕   ♡   👤

- **마련하다** 어떤 물건이나 상황을 준비해 갖추는 것을 말해요.
- **염려** 앞으로 생길 일에 대한 불안과 걱정을 말해요.

1 마르코 폴로에 대해 알맞게 이해한 어린이는 누구인가요?   (   )

① 첫 번째 여행지는 메카였어.

② 원나라에 있다가 이탈리아로 돌아갔어.

③ 원나라 황제의 자리에 오르기도 했어.

2 ㉠에 들어갈 알맞은 말을 골라 ○표 하세요.

| 도로 | 수로 | 역참 |

3 이븐 바투타의 첫 번째 여행지를 이 SNS에서 찾아 쓰세요.

🖉 _____

4 이 SNS의 내용으로 맞으면 ○표, 틀리면 ×표 하세요.

(1) 이븐 바투타는 원나라에서 관리로 일하기도 했어요.   (   )

(2) 마르코 폴로는 쿠빌라이 칸과 전투를 벌여 승리했어요.   (   )

(3) 마르코 폴로와 이븐 바투타 모두 원나라에 다녀온 적이 있어요.   (   )

1 밑줄 친 말의 뜻을 알맞게 줄로 이으세요.

교황과 황제는 <u>성직자</u>를 정하는
일을 두고 대립했어요. •

• 오직 하나만 있다.

마르코 폴로 일행이 원나라로 가는
길은 <u>고생길</u>이었어요. •

• 남의 일에 참견하는 것

로마 교황은 비잔티움 제국 황제의
심한 <u>간섭</u>을 받고 있었어요. •

• 어렵고 힘든 일이나 생활

《동방견문록》은 동방에 대한 유럽
사람들의 호기심을 <u>불러일으켰어요.</u> •

• 기억이나 추억 등을 마음속에
깊이 지니다.

비잔티움 제국은 로마의 문화와
전통을 잘 <u>간직한</u> 채 나라를
이어 갔어요. •

• 어떤 마음이나 행동, 사건을
일어나게 하다.

비잔티움 제국 황제는 자신이
더 이상 유럽의 <u>유일한</u> 황제가
아니라는 사실에 화를 냈어요. •

• 목사, 신부 등과 같이 종교적인
직업을 가진 사람

2 밑줄 친 말과 뜻이 비슷한 낱말을 〈보기〉에서 찾아 빈칸에 쓰세요.

〈보기〉

응원   기념하다   스며들다   장만하다   회복하다

(1) 비잔티움 제국은 옛 로마의 전성기 때 모습을 하나둘 <u>복구해</u> 갔어요. ＿＿＿＿＿＿
나빠졌던 것을 원래의 상태로 되돌리다.

(2) 유럽에서는 카롤루스 대제를 유럽의 아버지라고 부르며 <u>기리고</u> 있어요. ＿＿＿＿＿＿
뛰어난 업적이나 본받을 만한 정신, 위대한 사람 등을 기억하다.

(3) 프랑크 왕국은 유럽 세계를 보호하는 역할을 하며 많은 <u>지지</u>를 받았어요. ＿＿＿＿＿＿
어떤 사람의 의견 등에 찬성해 이를 위해 힘쓰는 것

(4) 크리스트교를 받아들인 프랑크 왕국은 로마 문화에 빠르게 <u>녹아들었어요</u>. ＿＿＿＿＿＿
생각, 문화 등이 서로 자연스럽게 섞여서 어우러지다.

(5) 원나라는 도로에 사신이나 여행자들이 쉴 수 있는 역참을 <u>마련해</u> 놓았어요. ＿＿＿＿＿＿
어떤 물건이나 상황을 준비해 갖추다.

3 다음 문장의 밑줄 친 말을 바르게 고쳐 빈칸에 쓰세요.

(1) 장원에 사는 농노들은 봄에는 밭을 <u>가라야</u> 했어요. ＿＿＿＿＿＿

(2) 중세 서유럽에서 교회의 힘은 하늘 높은 줄 모르고 <u>치솟았어요</u>. ＿＿＿＿＿＿

(3) 유스티니아누스 황제는 <u>혼난한</u> 나라를 다스릴 법전을 만들었어요. ＿＿＿＿＿＿

(4) 하인리히 4세는 자신의 권위에 도전하는 교황을 <u>패위하겠다고</u> 했어요. ＿＿＿＿＿＿

(5) 쿠빌라이 칸은 잔치를 열어 마르코 폴로 일행의 피곤함을 <u>달레</u> 주었어요. ＿＿＿＿＿＿

산책하러 가는 길 찾기

강아지가 산책을 가려고 해요. 복잡한 길을 빠져나가 산책을 갈 수 있도록 알맞은 길을 찾아 줄을 그어요.

다른 그림 찾기

🌿 두 그림의 다른 부분들을 찾아 아래 그림에 ◯표 하세요.

에듀윌 초등 문해력보스 세계사 세계 인물 ❶

발 행 일	2023년 1월 2일 초판
저　　자	에듀윌초등문해력연구소
펴 낸 이	권대호, 김재환
펴 낸 곳	(주)에듀윌
등록번호	제25100-2002-000052호
주　　소	08378 서울특별시 구로구 디지털로34길 55
	코오롱싸이언스밸리 2차 3층

www.eduwill.net

대표전화 1600-6700

여러분의 작은 소리
에듀윌은 크게 듣겠습니다.

여러분의 이야기를 들려주세요.
공부하시면서 어려웠던 점, 궁금한 점,
칭찬하고 싶은 점, 개선할 점, 어떤 것이라도 좋습니다.

에듀윌은 여러분께서 나누어 주신 의견을
통해 끊임없이 발전하고 있습니다.

에듀윌 도서몰 book.eduwill.net
교재내용 문의 에듀윌 도서몰 → 문의하기 → 교재(내용, 출간) → 초등 문해력

초등부터 에듀윌

문해력
보스

초등부터 에듀윌

문해력 보스

바른답과 도움말

세계사

초등 3~6학년

세계 인물 ❶ 고대~중세

eduwill

바른답과 도움말

세계사 초등 3~6학년

세계 인물 ❶ 고대~중세

1일차 함무라비왕 12~15쪽

글 **강력한 법을 만들어 나라를 다스린 왕은 누구일까요?**

문단	중심 낱말	중심 내용
1문단	수메르 사람들	메소포타미아 지역에서 수메르 사람들이 큰 발전을 이루었어요.
2문단	함무라비왕	바빌로니아 왕국의 함무라비왕이 '함무라비 법전'을 만들었어요.

정답

1 ④　　　　　　　　2 함무라비왕
3 ②　　　　　　　　4 ③

한 문장 정리 함무라비

1 메소포타미아는 티그리스강과 유프라테스강 사이에 있는 땅을 부르는 말입니다.
2 바빌로니아 왕국의 '함무라비왕'은 메소포타미아 땅에 있던 나라들을 무너뜨리고 메소포타미아 지역을 통일했습니다.
3 함무라비왕은 여러 작은 나라들을 무너뜨린 후 메소포타미아 지역을 통일했습니다. 따라서 ㉠에는 앞서 일어난 일에 이어 어떤 일이 일어났음을 이야기해 주는 '그리고'가 들어가는 것이 알맞습니다.
4 함무라비 법전에는 죄를 지은 사람에게 자신이 저지른 죄와 똑같은 방법으로 벌을 준다는 내용이 담겨 있습니다. 하지만 모두가 똑같이 적용받는 것이 아니라 신분이 낮을수록 더 가혹한 벌을 받았습니다.

신문기사 **눈에는 눈, 이에는 이! 함무라비 법전**

정답

1 메소포타미아　　　　2 (1) ◯ (2) ✕ (3) ◯
3 뼈　　　　　　　　　4 ③

1 바빌로니아 왕국은 '메소포타미아' 지역에 있었습니다.
2 ⑵ 함무라비 법전은 신분에 따라 다르게 적용되었습니다.
3 함무라비 법전에 따르면 귀족의 뼈를 부러뜨린 사람은 그의 '뼈'도 부러뜨려지는 벌을 받았습니다.
4 함무라비 법전을 통해 바빌로니아 왕국이 귀족, 평민, 노예와 같은 신분이 있는 나라였음을 알 수 있습니다.

2일차 이집트의 왕 16~19쪽

글 **이집트의 왕은 왜 거대한 건축물을 만들었을까요?**

문단	중심 낱말	중심 내용
1문단	파라오	이집트 왕국의 사람들은 파라오를 태양신의 아들이라고 여겼어요.
2문단	쿠푸왕	쿠푸왕은 그 어떤 파라오보다 큰 피라미드를 만들었어요.
3문단	람세스 2세	람세스 2세는 이집트 곳곳에 자신을 나타내는 건축물을 세웠어요.

정답

1 파라오　　　　　　　2 ④
3 ①　　　　　　　　　4 (다) ➡ (가) ➡ (나)

한 문장 정리 피라미드

1 이집트 왕국 사람들은 왕을 '파라오'라고 부르며 살아 있는 신으로 여겼습니다.
2 이집트 왕국 사람들은 파라오의 영혼이 다시 살아날 것이라 믿어 죽은 후에 생활할 장소를 크고 화려하게 지어야 한다고 생각했습니다. 그래서 피라미드를 만들었습니다.
3 쿠푸왕은 자신의 강력한 힘을 과시하려고 누구보다 큰 피라미드를 짓게 했습니다.
4 (다) 이집트 왕국 사람들이 이집트의 왕을 태양신의 아들이라고 생각했다는 내용은 1문단, (가) 쿠푸왕이 누구보다 큰 피라미드를 짓게 했다는 내용은 2문단, (나) 람세스 2세가 이집트 왕국의 전성기를 이끌었다는 내용은 3문단에 나와 있습니다.

백과사전 **영원한 삶을 바란 이집트 사람들**

정답

1 피라미드　　　　　　2 람세스 2세
3 ③　　　　　　　　　4 (1) ✕ (2) ◯ (3) ◯

1 이집트 왕국 사람들은 사람이 죽은 후에 그 영혼이 다시 살아나 생활할 것이라고 믿었기 때문에 파라오가 죽은 뒤에 '피라미드'를 만들었습니다.
2 이집트 왕국의 전성기를 이끈 파라오는 람세스 2세입니다.
3 아부 심벨 신전은 람세스 2세가 남긴 문화유산입니다.
4 ⑴ 이집트에는 80여 개의 피라미드가 남아 있습니다.

글 중국의 춘추 전국 시대에 이름을 떨친 학자는 누구일까요?

문단	중심 낱말	중심 내용
1문단	춘추 전국 시대	중국 춘추 전국 시대에는 전쟁이 끊이지 않아 백성들이 고통받았어요.
2문단	공자, 한비자	공자는 유가를, 한비자는 법가를 주장했어요.
3문단	노자, 묵자	노자는 도가를, 묵자는 묵가를 주장했어요.

정답

1 황허강   2 ②
3 ③   4 ❶ 유가 ❷ 사랑

한 문장 정리 제자백가

1 중국의 '황허강' 근처에 상나라와 주나라가 세워졌습니다.
2 법가는 엄격한 법으로 백성을 다스려 사회 질서를 바로잡아야 한다고 주장했습니다.
3 엄격한 법을 바탕으로 백성을 다스리고자 했던 왕들은 '법가'를 좋아했습니다.
4 '유가'는 너그러운 마음과 그 표현 방법을 강조했고, 묵가는 모두에 대한 차별 없는 '사랑'을 주장했습니다.

온라인대화 서로 다른 생각을 펼친 제자백가

정답

1   2 ①

3 (1) ○ (2) ○ (3) ×   4 ④

2 백성들을 억지로 다스리지 말고 자연스럽게 두어야 함을 강조한 학자는 도가를 주장한 노자입니다.
3 (3) 모든 사람을 차별 없이 똑같이 사랑해야 한다고 주장한 학자는 묵자입니다.
4 이 대화 속 왕은 법을 통해 강력하게 나라를 통치하고 싶다고 했으므로, 법가를 주장한 한비자의 의견에 따른다고 하는 것이 알맞습니다.

글 중국을 처음으로 통일한 황제는 누구일까요?

문단	중심 낱말	중심 내용
1문단	진나라 시황제	진나라 시황제는 중국을 처음으로 통일하고 만리장성을 쌓았어요.
2문단	유방	항우를 물리친 유방은 한나라를 세워 중국을 다시 통일했어요.
3문단	한나라 무제	한나라 무제는 한나라의 전성기를 이끌었어요.

정답

1 ④   2 ②
3 ①   4 (다) ➡ (가) ➡ (나)

한 문장 정리 시황제, 무제

1 진나라 시황제는 흉노의 침입에 대비하기 위해 만리장성을 쌓았습니다.
2 진나라 시황제는 흉노가 침입할 것을 대비해 만리장성을 쌓았습니다. 시황제의 이러한 활동에 어울리는 사자성어는 '미리 준비가 되어 있으면 걱정할 것이 없다.'는 뜻의 '유비무환'입니다.
3 시황제와 유방은 모두 중국을 통일한 황제입니다.
4 (다) 진나라 시황제가 춘추 전국 시대를 끝내고 중국을 처음으로 통일했고, (가) 진나라 말기에 힘을 키운 유방이 한나라를 세웠습니다. (나) 한나라 무제는 흉노를 물리치기 위해 다른 나라와 손잡으려고 장건을 서역에 보냈습니다.

온라인박물관 하나의 중국을 꿈꾼 시황제

정답

1 ③   2 (1) ○ (2) ○ (3) ×
3 만리장성   4 ②

1 이 전시는 중국을 처음으로 통일한 진나라 시황제와 관련이 있습니다.
2 (3) 시황제는 화폐를 하나로 통일해 사용하도록 했습니다.
3 시황제는 흉노의 침입을 막으려고 '만리장성'을 쌓았습니다.
4 시황제는 법가를 좋아했으며, 백성들이 진나라의 문자만 사용하도록 했습니다.

글 중국의 수나라와 당나라는 왜 멸망했을까요?

문단	중심 낱말	중심 내용
1문단	수나라 양제	중국을 다시 통일한 수나라는 양제 때 무리한 공사와 전쟁으로 나라가 흔들렸어요.
2문단	당나라 현종	당나라는 현종이 나랏일을 돌보지 않아 안사의 난이 일어났어요.

정답

1	④	2	③
3	②	4	④

한 문장 정리 현종

1 안사의 난은 당나라 현종 때 안녹산이 일으킨 후 사사명까지 이어진 봉기를 말합니다.

2 수나라 양제가 대운하 건설 등 힘든 공사를 벌인 것처럼 진나라 시황제도 수많은 백성을 동원해 만리장성을 만들었습니다.

3 현종이 양귀비에 빠져 나랏일은 뒷전이고 나랏돈을 펑펑 쓰자 불만이 폭발한 안녹산은 봉기를 일으켰습니다.

4 당나라 현종은 처음에는 똑똑한 관리를 옆에 두고 그들의 말을 잘 들으며 나라를 다스렸습니다. 따라서 ㉠에는 '남의 말에 큰 관심을 갖고 듣다.'를 뜻하는 '귀를 기울여'가 들어가는 것이 알맞습니다.

인터뷰 나라를 휘청거리게 한 두 황제의 속마음

정답

1	③	2	양귀비
3	대운하	4	(1) ○ (2) × (3) ○

1 수나라 양제와 당나라 현종은 나라를 잘못 다스려서 백성들에게 고통을 주었습니다.

2 당나라 현종은 '양귀비'에 빠진 후 나랏일을 제대로 돌보지 않았습니다.

3 수나라 양제는 '대운하'를 만들어 지역 간에 활발히 교류할 수 있게 했습니다.

4 (2) 진나라는 농민들의 봉기가 일어나 나라가 휘청거렸고 결국 항우의 공격으로 멸망했습니다.

정답

1

2 (1) 격려하다 (2) 기름지다 (3) 지혜롭다
(4) 꾸밈없다 (5) 모질다

3 (1) 사납기로 (2) 흩어져 (3) 밝혀내지
(4) 과시하기 (5) 띠는

2 (1) '격려하다'는 용기나 하고 싶은 마음이 생기도록 응원해서 기운을 주는 것을 말합니다.

(2) '기름지다'는 땅에 영양분이 많아서 농사를 짓거나 식물이 살기 좋은 것을 말합니다.

(3) '지혜롭다'는 사물의 이치를 빨리 깨닫고 옳고 그름을 잘 이해하는 것을 말합니다.

(4) '꾸밈없다'는 보기 좋고 그럴듯하게 만드는 것 없이 있는 그대로 진실된 것을 말합니다.

(5) '모질다'는 어떤 일의 괴로움 또는 아픔의 정도가 지나치게 심한 것을 말합니다.

1일차 페르시아 제국을 이끈 왕 36〜39쪽

글 페르시아 제국은 어떻게 성장했을까요?

문단	중심 낱말	중심 내용
1문단	키루스 2세	키루스 2세는 정복한 지역의 주민들에게 너그러운 정책을 펼쳤어요.
2문단	다리우스 1세	다리우스 1세는 여러 제도를 정비해 나라의 전성기를 이끌었어요.

정답

1 ① 2 길
3 ③ 4 ❶ 키루스 2세 ❷ 귀

한 문장 정리 다리우스 1세

1 키루스 2세는 자신이 정복한 지역의 주민들이 믿고 있던 종교와 문화를 존중해 주었습니다.
2 다리우스 1세는 넓은 땅을 효율적으로 다스리기 위해 '왕의 길'이라는 도로를 만들었습니다.
3 다리우스 1세는 페르시아 제국의 땅을 여러 개로 나누고 그 지역을 다스릴 관리들을 보냈습니다.
4 '키루스 2세'는 강력한 군대를 앞세워 주변 나라들을 차지하고 정복한 지역 주민들의 종교와 문화를 인정하는 정책을 펼쳤습니다. 다리우스 1세는 '왕의 눈', '왕의 귀'라고 불리는 관리를 보내 지방 관리들을 감시했습니다.

온라인대화 인정과 용서로 나라를 다스린 페르시아

정답

1 ① 2 다리우스 1세
3 (1) × (2) ○ (3) ○ 4 ①, ③

1 이 대화에서 아시리아의 아슈르바니팔은 정복지의 백성들은 말을 잘 듣지 않으니 가혹하게 다스려야 한다고 했습니다.
2 페르시아 제국의 전성기를 이끈 왕은 '다리우스 1세'입니다.
3 (1) 아시리아가 멸망한 후에 페르시아 제국이 등장했습니다.
4 다리우스 1세는 지방 관리들이 일을 잘하고 있는지 감시하기 위해 '왕의 귀', '왕의 눈'이라고 불린 관리를 보냈습니다.

2일차 인도 왕조를 이끈 왕 40〜43쪽

글 불교의 가르침에 따라 인도를 다스린 왕은 누구일까요?

문단	중심 낱말	중심 내용
1문단	마우리아 왕조	인도 북쪽을 처음으로 통일한 마우리아 왕조가 세워졌어요.
2문단	아소카왕	아소카왕은 사람들의 목숨을 빼앗은 것을 후회하여 불교의 가르침에 따라 나라를 다스렸어요.
3문단	카니슈카왕	카니슈카왕은 불교를 바탕으로 쿠샨 왕조의 발전을 이끌었어요.

정답

1 ③ 2 ③
3 ② 4 (가) ➡ (나) ➡ (다)

한 문장 정리 불교

1 아소카왕은 죽어 가는 칼링가 왕국 사람들을 보며 깊이 후회했습니다. 따라서 ㉠과 어울리는 사자성어는 '후회막급'입니다.
2 아소카왕은 더 많은 사람이 불교를 믿도록 하기 위해 나라 곳곳에 사원과 탑을 세웠습니다.
3 아소카왕과 카니슈카왕은 불교를 바탕으로 나라를 다스렸습니다.
4 (가) 인도 북쪽을 처음으로 통일한 마우리아 왕조가 세워졌습니다. (나) 아소카왕은 마우리아 왕조를 따르지 않는 칼링가 왕국을 침략했습니다. (다) 쿠샨 왕조는 카니슈카왕 때 가장 큰 발전을 이루었습니다.

SNS 눈물로 깨달음을 얻은 아소카왕

정답

1 칼링가 왕국 2 ③
3 (1) ○ (2) ○ (3) ○ 4 ①

1 아소카왕은 마우리아 왕조에 복종하지 않는 '칼링가 왕국'으로 쳐들어갔습니다.
2 아소카왕은 칼링가 왕국과의 전투에서 죽은 사람들을 보며 슬퍼했습니다. 따라서 ㉠에는 '씻을 수 없는 죄를 지었다는 깊은 후회를'이 들어가는 것이 알맞습니다.
4 아소카왕은 산치 대탑 등의 여러 탑과 불교로 나라를 다스릴 것을 새긴 돌기둥을 만들었습니다.

글　일본의 불교문화를 꽃피운 지도자는 누구일까요?

문단	중심 낱말	중심 내용
1문단	야마토 정부	야마토 정부가 일본의 여러 나라들을 통일했어요.
2문단	쇼토쿠 태자	쇼토쿠 태자가 야마토 정부의 지도자가 되어 불교문화를 꽃피웠어요.

정답

1　②　　　　　　　　　2　능력
3　①　　　　　　　　　4　담징

한 문장 정리　야마토

1　일본에 야마토 정부가 세워졌지만 지도자의 힘은 약했고, 반대로 지방 세력의 힘은 강했습니다. 따라서 ㉠에는 앞의 내용과 반대되는 내용이 뒤에 올 때 이를 이어 주는 말인 '하지만'이 들어가는 것이 알맞습니다.
2　쇼토쿠 태자는 자신을 뒷받침해 줄 관리를 뽑기 위해 신분에 관계없이 '능력'만 뛰어나다면 벼슬을 주어 나랏일을 맡기겠다고 했습니다.
3　쇼토쿠 태자는 문화의 중요성을 알고 있어서 다른 나라로부터 앞선 불교문화와 기술을 받아들이려 했습니다.
4　쇼토쿠 태자는 고구려에서 온 '담징' 스님에게 종이와 먹 만드는 기술을 가르쳐 달라고 했습니다.

블로그　쇼토쿠 태자의 불교 사랑

정답

1　불교　　　　　　　　2　(1) ○ (2) ○ (3) ×
3　④　　　　　　　　　4　아스카

1　쇼토쿠 태자는 일본의 불교 발전을 위해 수많은 절을 지었습니다.
2　⑶ 쇼토쿠 태자는 담징 스님에게 종이와 먹 만드는 법을 알려 달라고 했습니다.
3　쇼토쿠 태자는 호류사 등 많은 절을 지었습니다.
4　쇼토쿠 태자의 노력으로 일본에 불교문화가 꽃피웠습니다. 이때의 문화를 '아스카' 문화라고 부릅니다.

글　이슬람교는 누가 만들었을까요?

문단	중심 낱말	중심 내용
1문단	무함마드	무역 도시로 발전한 아라비아반도의 메카에서 무함마드가 태어났어요.
2문단	무함마드	무함마드는 '알라'의 가르침을 따르는 이슬람교를 창시했어요.
3문단	무함마드	무함마드는 메카를 정복하고 아라비아반도 대부분을 통일했어요.

정답

1　①　　　　　　　　　2　③
3　이슬람교　　　　　　4　❶ 알라 ❷ 메카

한 문장 정리　무함마드

1　무함마드는 메카에서 태어났습니다.
2　메카의 귀족들은 무함마드가 알라 앞에서는 모두가 평등하다고 말하고 다니자, 자신들이 독차지했던 이익을 빼앗길까 봐 무함마드를 못살게 굴었습니다.
3　무함마드가 군대를 이끌고 메카로 쳐들어가자 메카의 귀족들은 '이슬람교'를 믿기로 하고 항복했습니다.
4　무함마드는 '알라' 앞에 모든 사람이 평등하다고 주장했고, 이후 군대를 이끌고 '메카'로 쳐들어갔습니다.

카드뉴스　무함마드, 천사의 목소리를 듣다

정답

1　이슬람교　　　　　　2　메디나
3　(1) ○ (2) ○ (3) ○　4　⒟ ➡ ⒢ ➡ ⒝

1　무함마드는 '이슬람교'를 창시했습니다.
2　무함마드는 메카 귀족들의 탄압을 피해 자신을 따르는 사람들과 함께 '메디나'로 이동했습니다.
4　⒟ 메카의 귀족들이 무함마드와 이슬람교를 믿는 사람들을 탄압하자 무함마드는 사람들을 이끌고 메디나로 이동했고, ⒢ 세력을 키운 후 메카의 군대와 전투를 벌여 승리했습니다. ⒝ 무함마드는 메카를 정복한 후 아라비아반도의 대부분을 통일합니다.

글 드넓은 몽골 제국을 다스린 지도자는 누구일까요?

문단	중심 낱말	중심 내용
1문단	칭기즈 칸	칭기즈 칸은 몽골 부족을 통일하고 땅을 크게 넓혔어요.
2문단	쿠빌라이 칸	쿠빌라이 칸은 나라 이름을 원나라로 바꾸고 중국 전체를 다스렸어요.

정답

1 ②　　　　2 ②
3 ③　　　　4 (개) ➡ (나) ➡ (대)

한 문장 정리 칭기즈 칸

1 테무친은 '위대하고 강력한 왕'을 뜻하는 '칭기즈 칸'이라는 이름을 얻었습니다.
2 칭기즈 칸과 쿠빌라이 칸 모두 몽골 제국의 땅을 넓혔습니다.
3 '만족하다'는 모자란 데 없이 충분하게 마음에 들어하는 것을 말합니다. 따라서 ⊙과 비슷한 말은 '직성이 풀리다'입니다.
4 (개) 중국을 통일한 송나라가 금나라와 싸우며 힘을 잃어갈 때, (나) 몽골 부족을 통일한 칭기즈 칸은 강력한 군대를 이끌고 땅을 넓혀 갔습니다. (대) 이후 몽골 부족의 지도자가 된 쿠빌라이 칸은 나라 이름을 원나라로 바꾸었습니다.

백과사전 세계를 벌벌 떨게 한 몽골 제국의 힘

정답

1 ③　　　　2 말
3 (1) ◯ (2) ✕ (3) ◯　　4 ③

1 이 백과사전은 몽골 부족이 거대한 제국을 만들 수 있었던 까닭에 대한 내용을 담고 있습니다.
2 몽골군은 이동하거나 전투할 때 '말'을 이용했습니다.
3 (2) 몽골 부족을 통일한 인물은 칭기즈 칸입니다.
4 몽골 제국은 몽골의 지배를 거부하는 사람들은 가혹하게 탄압했습니다.

정답

1

2 (1) 등골이 서늘하다 (2) 너그럽다 (3) 대단하다
　 (4) 억압하다 (5) 지원하다
3 (1) 괘씸하게 (2) 잠재웠어요 (3) 눈엣가시
　 (4) 앞다투어 (5) 짓밟는

2 (1) '등골이 서늘하다'는 두려움으로 인해 등에 찬물을 끼얹은 것처럼 으스스한 것을 말합니다.
　 (2) '너그럽다'는 다른 사람의 사정을 잘 이해하고 마음 씀씀이가 넓은 것을 말합니다.
　 (3) '대단하다'는 몹시 뛰어난 것을 말합니다.
　 (4) '억압하다'는 자기 뜻대로 자유롭게 행동하지 못하도록 강제로 억누르는 것을 말합니다.
　 (5) '지원하다'는 지지하며 돕는 것을 말합니다.

정답

1일차 고대 그리스 정치가 62~65쪽

글 아테네의 민주 정치를 발전시킨 인물은 누구일까요?

문단	중심 낱말	중심 내용
1문단	폴리스	그리스는 수많은 폴리스로 나누어져 있었어요.
2문단	클레이스테네스	아테네에서는 클레이스테네스의 주장에 따라 도편 추방제를 실시했어요.
3문단	페리클레스	아테네의 민주 정치는 페리클레스 때 황금기를 맞이했어요.

정답

1 ③ 2 ②
3 ① 4 ❶클레이스테네스 ❷민회

한 문장 정리 아테네

1 클레이스테네스는 도편 '추방제'를 실시하자고 했습니다.
2 도편 추방제는 도자기 조각으로 독재자가 될 만한 인물을 투표해 가장 많은 표를 얻은 사람을 쫓아내는 제도였습니다. 따라서 ⓒ과 어울리는 사자성어는 '유비무환'입니다.
3 클레이스테네스는 아테네에 독재자가 나타나는 것을 막기 위해 도편 추방제를 실시했습니다.
4 '클레이스테네스'는 가진 재산에 따라 정치에 참여하는 제도를 없앴습니다. 페리클레스의 활동으로 아테네의 모든 성인 남자가 '민회'에 참여하게 되었습니다.

온라인게시글 도자기 조각에 쓰인 민주 정치

정답

1 ① 2 참주
3 클레이스테네스 4 (1) ○ (2) ○ (3) ×

1 이 게시글에서는 도편 추방제가 어떤 제도인가에 대해 묻고 있습니다.
2 아테네에서는 불법으로 권력을 잡은 사람을 '참주'라고 불렀습니다.
3 도편 추방제를 실시하자고 했던 인물은 '클레이스테네스'입니다.
4 (3) 도편 추방제를 통해 가장 많은 표를 받은 사람이 아테네 밖으로 10년 동안 쫓겨났습니다.

2일차 고대 그리스 철학자 66~69쪽

글 그리스를 대표하는 철학자는 누구일까요?

문단	중심 낱말	중심 내용
1문단	철학	철학은 모든 것에 궁금증을 품고 그 답을 생각해 보는 일을 말해요.
2문단	소크라테스	소크라테스는 질문을 통해 상대방 스스로 지식을 깨닫도록 했어요.
3문단	플라톤	플라톤은 '현실' 세상 뒤에 아름다운 '진짜' 세상이 있다고 믿었어요.

정답

1 ③ 2 (1) × (2) × (3) ○
3 ✕(선긋기) 4 아카데메이아

한 문장 정리 철학자

1 '붐비다'는 좁은 공간에 많은 사람 등이 들끓는 것을 말합니다. 따라서 ㉠과 뜻이 비슷한 말은 '북적이다'입니다.
2 (1) 플라톤은 소크라테스의 제자입니다.
 (2) 소크라테스는 질문을 통해 상대방 스스로 지식을 깨닫도록 했어요.
4 플라톤은 '아카데메이아'라는 학교를 세워 제자를 기르는 데 힘썼습니다.

온라인전시회 그리스의 3대 철학자

정답

1 ② 2 (1) × (2) × (3) ○
3 아리스토텔레스 4 그리스

1 "너 자신을 알라."라는 말을 한 인물은 소크라테스입니다.
2 (1) 플라톤은 '현실' 세상 뒤에 '진짜' 세상이 있다고 생각했습니다.
 (2) 아리스토텔레스는 오직 '현실' 세상만 있다고 생각했습니다.
3 플라톤의 제자는 '아리스토텔레스'입니다.
4 '그리스'의 철학은 소크라테스, 플라톤, 아리스토텔레스로 이어지면서 전성기를 이루었습니다.

3일차 알렉산드로스   70~73쪽

글   **동양과 서양을 잇는 거대한 제국을 만든 인물은 누구일까요?**

문단	중심 낱말	중심 내용
1문단	아테네와 스파르타	아테네와 스파르타 사이의 전쟁으로 그리스 세계의 힘이 약해졌어요.
2문단	알렉산드로스	알렉산드로스는 그리스와 페르시아 제국을 차지했어요.
3문단	알렉산드로스	알렉산드로스는 알렉산드리아를 세워 그리스 문화를 퍼뜨렸어요.

정답

1 ①   2 ①
3 ①   4 알렉산드리아

한 문장 정리 마케도니아

1 아테네와 스파르타 사이에 벌어진 전쟁에서 스파르타가 승리했습니다.
2 ㉠의 '항복하다'와 뜻이 비슷한 말은 '무릎을 꿇다'입니다.
3 알렉산드로스는 마케도니아의 왕입니다.
4 알렉산드로스는 나라 곳곳에 자신의 이름을 딴 '알렉산드리아'라는 도시를 세웠습니다.

백과사전 제국을 다스리기 위한 알렉산드로스의 방법

정답

1 ②   2 ②
3 ③   4 (1) ○ (2) ○ (3) ×

1 이 백과사전은 알렉산드로스가 거대한 제국을 다스리는 데 활용한 '정책'에 대한 내용을 담고 있습니다.
2 알렉산드로스는 페르시아 방식으로 만든 왕관을 쓰고 옷을 입었습니다.
3 알렉산드로스는 정복한 지역 곳곳에 그리스의 도시와 비슷한 모습으로 꾸민 '알렉산드리아'라는 도시를 세웠습니다.
4 (3) 알렉산드로스는 페르시아 제국을 정복한 후 그들의 제도와 문화를 존중하며 받아들였습니다.

4일차 로마의 정치가   74~77쪽

글   **로마의 권력을 하나로 만든 인물은 누구일까요?**

문단	중심 낱말	중심 내용
1문단	카이사르	로마를 다스리던 3명 중 카이사르가 시민들에게 높은 인기를 얻었어요.
2문단	카이사르	카이사르는 자신을 없애려던 폼페이우스를 제거했어요.
3문단	옥타비아누스	옥타비아누스가 안토니우스를 무찌르고 로마의 최고 권력자가 되었어요.

정답

1 ③   2 ②
3 ④   4 ❶ 카이사르 ❷ 안토니우스

한 문장 정리 옥타비아누스

1 귀족들이 폼페이우스를 통해 카이사르를 없애 버리려고 했기 때문에, ㉠에 들어갈 말로는 "카이사르가 없으면 당신이 로마의 최고 권력자가 될 수 있습니다."가 알맞습니다.
2 카이사르와 옥타비아누스는 로마 시민에게 인기가 높았습니다.
3 폼페이우스는 카이사르를 없애자는 원로원 귀족들의 꾐에 넘어가 거짓 소문을 퍼트렸습니다.
4 폼페이우스, 크라수스, '카이사르'가 로마를 함께 다스리다가 카이사르가 로마의 최고 권력자가 되었습니다. 이후 옥타비아누스, '안토니우스', 레피두스가 로마를 함께 다스리다가 옥타비아누스가 권력을 모두 차지했습니다.

카드뉴스 로마를 둘러싼 사랑과 경쟁 이야기

정답

1 카이사르, 안토니우스   2 (1) × (2) ○ (3) ○
3 ③   4 (나) ➡ (다) ➡ (라) ➡ (가)

1 클레오파트라와 사랑에 빠진 인물은 '카이사르'와 '안토니우스'입니다.
2 (1) 카이사르는 그를 싫어하는 세력에게 죽임을 당했습니다.
3 옥타비아누스는 안토니우스의 이집트군을 물리쳤습니다.
4 (나) 클레오파트라에게 빠진 안토니우스가 그녀에게 로마 땅을 주었습니다. (다) 이 소식에 화가 난 옥타비아누스는 (라) 안토니우스와 전투를 벌여 승리를 거두었습니다. (가) 결국 안토니우스와 클레오파트라는 죽음을 맞았습니다.

글 **로마 제국을 대표하는 황제는 누구일까요?**

문단	중심 낱말	중심 내용
1문단	옥타비아누스	옥타비아누스 이후 로마 제국은 현명한 5명의 황제가 다스리던 때를 거치며 전성기를 맞이했어요.
2문단	콘스탄티누스	콘스탄티누스는 로마 제국을 다시 일으키기 위해 노력했어요.

정답

1 아우구스투스   2 ①

3 ③   4 (다) ➡ (나) ➡ (가)

한 문장 정리 콘스탄티누스

1 옥타비아누스는 원로원의 귀족들로부터 '존엄한 사람'이라는 뜻의 '아우구스투스'라는 이름을 받았습니다.

2 '시달리다'는 '괴로움이나 성가심을 당하다.'는 뜻을 가지고 있으므로, '들볶이다'와 뜻이 비슷합니다.

3 크리스트교를 로마 제국의 종교로 인정한 인물은 콘스탄티누스입니다.

4 (다) 로마의 권력을 하나로 모은 옥타비아누스는 사실상 로마의 첫 번째 황제가 되었습니다. 로마 제국이 전성기를 지나 힘을 잃어갈 때, (나) 콘스탄티누스는 로마 제국을 다시 일으키기 위해 노력했습니다. (가) 그의 노력에도 불구하고 로마 제국은 힘을 잃고 동쪽과 서쪽으로 쪼개졌습니다.

인터뷰 로마 제국의 발전을 이끈 두 황제

정답

1 옥타비아누스   2 ③

3 ③   4 콘스탄티노폴리스

1 원로원의 귀족들은 '옥타비아누스'에게 아우구스투스라는 이름을 붙여 주었습니다.

2 콘스탄티누스는 '로마의 평화'라고 불렸던 전성기를 지나 로마가 어려워졌을 때 황제가 되었습니다.

3 콘스탄티누스는 로마 시민들의 마음을 하나로 모으기 위해 크리스트교를 공식적인 종교로 인정해 주었습니다.

4 콘스탄티누스는 로마 제국의 수도를 '콘스탄티노폴리스'로 옮겼습니다.

정답

1

2 (1) 귀하다 (2) 끌다 (3) 뿌리내리다
   (4) 모범 (5) 눈이 멀다

3 (1) 불과했어요 (2) 쏟아 (3) 붙여
   (4) 위엄 (5) 쫓아냈어요

2 (1) '귀하다'는 신분, 지위가 높거나 존중할 만한 것을 말합니다.

(2) '끌다'는 어떤 쪽으로 남의 마음을 기울게 하는 것을 말합니다.

(3) '뿌리내리다'는 생각이나 제도 등이 깊고 튼튼히 자리잡는 것을 말합니다.

(4) '모범'은 본받아 배울 만한 행동이나 그러한 행동을 하는 사람을 말합니다.

(5) '눈이 멀다'는 어떤 것에 마음이 쏠려 제대로 된 판단을 할 수 없을 정도가 된 것을 말합니다.

4주

1일차 **게르만족** 86~89쪽

글 **게르만족은 왜 로마 땅으로 이동했을까요?**

문단	중심 낱말	중심 내용
1문단	게르만족	게르만족은 로마 땅으로 내려와 프랑크 왕국 등 여러 나라를 세웠어요.
2문단	주종 관계	프랑크 왕국의 힘이 약해지자 계약을 맺어 의무를 다하는 주종 관계가 만들어졌어요.

정답

1 ①　　　　　　　　　2 ③
3 ③　　　　　　　　　4 장원제

한 문장 정리 게르만족

1 유럽 북쪽에 살던 게르만족은 훈족에게 살 곳을 빼앗기자 로마 땅으로 이동했습니다.
2 게르만족은 훈족의 침입으로 살 곳을 빼앗겨 다른 곳으로 옮겨 가야 하는 상황에 놓였습니다. 따라서 이 상황과 어울리는 속담은 '굴러온 돌이 박힌 돌 뺀다'입니다.
3 프랑크 왕국은 로마의 종교인 크리스트교를 받아들인 덕분에 발전할 수 있었습니다.
4 중세 유럽은 주종 관계와 장원제를 바탕으로 하는 봉건 사회가 자리잡았습니다.

온라인전시회 **중세 유럽 생활의 이모저모**

정답

1 영주　　　　　　　　2 ④
3 농노의 사계절　　　　4 (1) × (2) ○ (3) ○

1 중세 봉건 사회에서 봉신은 자신이 주군에게서 받은 땅, 즉 장원을 다스리며 그곳의 농노를 관리하는 '영주'였습니다.
2 농노는 영주의 땅을 농사지으며 세금을 내야 했습니다.
3 이 전시는 중세 장원의 모습과 농노의 계절별 생활 모습을 소개합니다. 따라서 ㉠에 들어갈 제목으로는 '농노의 사계절'이 알맞습니다.
4 (1) 영주는 평상시에 전투 훈련을 하거나 잔치를 벌였습니다.

2일차 **유스티니아누스 황제** 90~93쪽

글 **비잔티움 제국의 전성기를 이끈 황제는 누구일까요?**

문단	중심 낱말	중심 내용
1문단	유스티니아누스 황제	유스티니아누스 황제는 비잔티움 제국의 전성기를 이끌었어요.
2문단	유스티니아누스 황제	유스티니아누스 황제가 옛 전성기 때 로마의 모습을 회복해 갔어요.
3문단	유스티니아누스 황제	유스티니아누스 황제가 《유스티니아누스 법전》을 만들었어요.

정답

1 비잔티움 제국　　　　2 ②
3 (1) ○ (2) × (3) ○　　4 (다) ➡ (나) ➡ (가)

한 문장 정리 유스티니아누스

1 동로마 제국은 수도 콘스탄티노폴리스의 또 다른 이름인 '비잔티움'을 따 '비잔티움 제국'이라고도 불렸습니다.
2 비잔티움 제국의 유스티니아누스 황제는 옛 로마의 영광을 되찾고 싶어 했습니다.
3 (2) 《유스티니아누스 법전》은 옛 로마의 법은 물론 여러 나라의 법을 참고해서 만들었습니다.
4 (다) 비잔티움 제국의 최고 전성기를 이끈 인물은 유스티니아누스 황제였습니다. (나) 그가 나라를 다스릴 때 비잔티움 제국은 옛 로마의 전성기 모습을 회복해 갔습니다. (가) 이때 《유스티니아누스 법전》도 만들어졌습니다.

백과사전 **로마의 빛을 되찾으려 한 황제**

정답

1 ③　　　　　　　　　2 ①
3 (1) ○ (2) × (3) ○　　4 ③

1 유스티니아누스 황제는 비잔티움 제국의 수도인 콘스탄티노폴리스를 더욱 발전시켰습니다.
2 콘스탄티노폴리스는 다른 민족의 침입을 막아 내는 유럽의 방패 역할을 했습니다.
3 (2) 성 소피아 대성당은 스페인의 한 성당이 만들어지기 전까지 세계에서 가장 큰 성당이었습니다.
4 유스티니아누스 황제는 혼란한 나라를 법으로 엄격하게 다스리기 위해 《유스티니아누스 법전》을 만들었습니다.

글 프랑크 왕국의 전성기를 이끈 왕은 누구일까요?

문단	중심 낱말	중심 내용
1문단	프랑크 왕국	프랑크 왕국은 크리스트교를 중심으로 한 유럽 세계를 보호했어요.
2문단	카롤루스 대제	카롤루스 대제는 프랑크 왕국의 전성기를 이끌었어요.
3문단	카롤루스 대제	카롤루스 대제는 로마 교황으로부터 프랑크 왕국이 로마를 잇는 나라임을 인정받았어요.

정답

1 크리스트교
2 ②
3 ①
4 ❶ 크리스트교 ❷ 로마

한 문장 정리 서로마 제국

1 프랑크 왕국은 '크리스트교'를 중심으로 한 유럽 세계를 보호하는 역할을 했습니다.
2 '차지하다'는 물건이나 공간, 지위 등을 자기 몫으로 갖는 것을 말하므로, ㉠과 뜻이 비슷한 말은 '정복하다'입니다.
3 카롤루스 대제는 프랑크 왕국의 왕입니다.
4 카롤루스 대제는 '크리스트교'를 전파하는 데 노력을 기울였고, 이 노력 덕분에 로마 교황으로부터 프랑크 왕국이 '로마'의 뒤를 잇는 나라임을 공식적으로 인정받았습니다.

블로그 유럽의 아버지, 카롤루스 대제

정답

1 서유럽
2 (1) ◯ (2) ✕
3 샤를마뉴
4 ①

1 프랑크 왕국의 카롤루스 대제는 서유럽 문화의 바탕을 만드는 데 큰 역할을 했습니다.
2 (2) 샤를마뉴 상은 유럽 발전에 힘쓴 인물에게 주는 상입니다.
3 카롤루스 대제의 프랑스 이름인 '샤를마뉴'를 따 유럽 연합(EU) 건물의 이름을 지었습니다.
4 로마 교황이 카롤루스 대제에게 서로마 제국 황제의 관을 준 것은 프랑크 왕국이 로마의 뒤를 잇는 나라임을 인정해 준 것입니다. 이는 비잔티움 제국 황제가 더 이상 유럽의 유일한 황제가 아님을 뜻하기도 했습니다.

글 교황과 황제는 왜 싸웠을까요?

문단	중심 낱말	중심 내용
1문단	교회	서유럽에서 교회와 교황의 힘이 점점 더 커졌어요.
2문단	그레고리우스 7세, 하인리히 4세	교황 그레고리우스 7세와 황제 하인리히 4세는 성직자를 정하는 일을 두고 대립했어요.
3문단	카노사의 굴욕	'카노사의 굴욕' 이후 교황의 힘이 더욱 강해졌어요.

정답

1 ②
2 수도원
3 ①
4 카노사의 굴욕

한 문장 정리 하인리히 4세

1 그레고리우스 7세는 하인리히 4세가 자신의 말을 거부하자 그를 교회에서 파문했습니다.
2 클뤼니 수도원은 썩어 버린 교회를 깨끗하게 만들어야 한다며 가장 앞장서서 목소리를 냈던 곳입니다.
3 그레고리우스 7세는 황제가 성직자를 정하는 일을 금지하고, 그 일은 오직 교황만이 할 수 있다고 했습니다.
4 하인리히 4세가 카노사성 앞에서 그레고리우스 7세에게 용서를 구한 일을 '카노사의 굴욕'이라고 합니다.

웹툰 교황과 황제의 힘겨루기, 그 승자는?

정답

1 ②
2 ③
3 (가) ➡ (나) ➡ (다) ➡ (라)
4 성직자

1 이 웹툰은 성직자를 정하는 일을 두고 교황과 다투던 황제가 카노사성에서 굴욕을 당하는 내용을 담고 있습니다.
2 신하들은 파문당한 황제를 따르다 자신들도 천국에 못 갈 수 있다고 생각해서 교황의 말을 따라야겠다고 했습니다.
3 (가) 교황이 황제를 파문하자, (나) 신하들은 파문당한 황제를 따를 수 없다고 했습니다. (다) 황제는 파문은 안 된다는 생각에 카노사성으로 가서 (라) 교황에게 용서를 빌었습니다.
4 하인리히 4세는 '성직자'를 정하는 일을 두고 그레고리우스 7세와 대립했지만 결국 굴복했습니다.

글   세계를 누빈 이야기가 책으로 만들어진 여행가는 누구일까요?

문단	중심 낱말	중심 내용
1문단	마르코 폴로	마르코 폴로가 원나라에서 겪은 일은 《동방견문록》으로 만들어졌어요.
2문단	이븐 바투타	이븐 바투타가 세계를 여행한 이야기는 《여행기》로 만들어졌어요.

정답

1   2   ③

3   ②

4   ❶ 마르코 폴로 ❷ 이븐 바투타

한 문장 정리   여행가

2   마르코 폴로는 원나라로 가는 길에 목숨이 위험한 상황에 놓이기도 했지만, 무사히 원나라에 도착했습니다. 따라서 ㉠에는 앞의 내용에서 예상되는 결과와 반대되는 내용이 뒤에 올 때 이를 이어 주는 말인 '그럼에도'가 알맞습니다.

3   마르코 폴로와 이븐 바투타 모두 세계 여러 나라를 여행했습니다.

4   원나라에서 관리로 일했고, 여행 이야기가 책으로 만들어진 인물은 '마르코 폴로'입니다. 메카를 여행하고, 아시아, 아프리카, 유럽의 수많은 나라를 돌아본 후 그 이야기가 책으로 만들어진 인물은 '이븐 바투타'입니다.

SNS   두 여행가의 생생한 원나라 여행 이야기

정답

1   ②   2   역참

3   메카   4   (1) × (2) × (3) ○

1   마르코 폴로는 원나라에 17년 동안 있다가 다시 이탈리아로 돌아갔습니다.

2   원나라가 도로 중간중간에 만들어 놓은 '역참' 덕분에 여행자와 사신들이 편하게 쉬어 갈 수 있었습니다.

3   이븐 바투타의 첫 번째 여행지는 '메카'였습니다.

4   (1) 원나라에서 관리로 일한 여행가는 마르코 폴로입니다.
(2) 마르코 폴로는 쿠빌라이 칸의 부탁으로 원나라에서 관리로 일하며 여행도 했습니다.

정답

1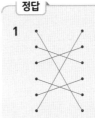

2   (1) 회복하다 (2) 기념하다 (3) 응원
(4) 스며들다 (5) 장만하다

3   (1) 갈아야 (2) 치솟았어요 (3) 혼란한
(4) 폐위하겠다고 (5) 달래

2   (1) '회복하다'는 잃었던 것을 되찾거나 나빠졌던 것을 원래의 상태로 돌이키는 것을 말합니다.
(2) '기념하다'는 훌륭한 인물이나 특별한 일 등을 오래도록 잊지 않고 마음에 간직하는 것을 말합니다.
(3) '응원'은 잘하도록 옆에서 힘을 주고 도와주는 것을 말합니다.
(4) '스며들다'는 어떤 생각이나 태도 등이 배어서 익숙해지거나 한 부분이 되는 것을 말합니다.
(5) '장만하다'는 필요한 것을 사거나 만들어서 차려 놓는 것을 말합니다.

정답

찾아보기

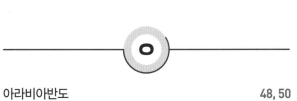

ㅍ

ㅎ

바른답과
도움말

고객의 꿈, 직원의 꿈, 지역사회의 꿈을 실현한다

에듀윌 도서몰 book.eduwill.net
교재내용 문의 에듀윌 도서몰 → 문의하기 → 교재(내용, 출간) → 초등 문해력

교재의 오류는 에듀윌 도서몰 내 정오표에서 확인할 수 있으며, 잘못 만들어진
책은 구입처에서 교환해 드립니다.